CHOOSING A VOCATION
by Frank Parsons

CHOOSING A VOCATION
by Frank Parsons

Korean Translation Copyright © 2022. ReBOOT All Rights Reserved.

이 책의 원서는 직업지도운동의 아버지로 여겨지는 Frank Parsons(1854~1908)가 쓴 글을 사후에 The Arena 편집자인 Ralph Albertson에 의해 1909년에 출간된 것을 번역한 것입니다.

직업의 선택

CHOOSING A VOCATION
by Frank Parsons

Frank Parsons 지음
김기령·안윤정·정은경 옮김

직업의 선택
CHOOSING A VOCATION

초판발행	2022년 9월 1일
지은이	Frank Parsons
옮긴이	김기령, 안윤정, 정은경
편집기획	김기령
디자인	김규범
펴낸곳	리부트
등록번호	제2022-000002호 imprint TEXT
e-mail	reboot_text@naver.com
홈페이지	www.career-reboot.kr

ISBN 979-11-974341-1-2   03300

* TEXT는 ReBOOT의 imprint입니다.
* 잘못된 책은 출판사로 연락해주십시오.
* 본서의 무단복제행위를 금지합니다.

DEDICATION | 감사의 말

선견지명을 가지고 기관을 확산시켜 Boston에 있는 청년은 물론 전국에 있는 청년을 위해 간접적으로 기여함으로써 자선활동을 한 Agassiz 집안의 진보적인 여성인 Quincy A. Shaw*여사의 숭고함을 기리고 존경의 마음을 담아 이 책을 헌정합니다.

---

* **Quincy A. Shaw(1841~1917)**
  미국의 자선사업가이자 사회개혁가로 이민자와 빈곤층의 정착을 위해 Boston에 탁아소, 정착촌과 같은 다양한 시설을 설립했다. 미국 최초의 무역학교인 North Bennet Street School을 공동 설립하였고 여성의 권익을 위해 일을 하였다. (역자 첨부)

INTRODUCTORY NOTE | 들어가며

이 책의 원고는 Parsons 교수가 사망했을 당시 이미 출판될 준비가 되어 있었다. Parsons는 사망하기 전 1년 동안 직업상담소The Vocation Bureau에서 오랜 시간 일을 했었다. 이 책에서 사용한 내용 중 일부는 아레나The Arena에 기고한 것이며, PART Ⅲ에 있는 '사례' 중 대부분은 일간지인 Boston 신문과 New York 신문에 게재되었던 것이다. 이 기사가 나간 후에 미국 전역에서 청년을 대상으로 하는 과학적인 직업상담에 관해 관심을 표하는 수백 건의 문의를 받았다. Parsons 교수가 살아있었다면 이 계획이 더 완벽하게 수행되었을 것에 의심의 여지가 없지만, 그가 한 일은 매우 가치 있는 일이기 때문에 많은 사람이 이 책에 있는 정보를 얻는 것을 감사하게 생각할 것이라고 믿는다.

청년에게 전문적인 직업상담을 해주는 활용성에 대한 의심이 있든지 간에 이러한 계획의 기초가 되는 다음과 같은 단순명쾌한 사실이 있고 아무도 이것을 부인하지 않을 것이라고 믿는다.

1. 단순히 '일자리를 찾아다니는 것to hunt a job'보다는 '직업을 선택하는 것to choose a vocation'이 더 낫다.
2. 세심하고 철저하고 진솔한 자기분석과 직업지도없이 어느 누구도 직업을 선택해서는 안 된다.
3. 직업의 영역을 광범위하게 조사해야 하며 단순히 선택하기 편리한 것을 추구하거나 아무거나 선택하는 상황에 빠지지 말아야 한다.
4. 사람과 직업에 대해 주의 깊게 공부하고 성공의 조건에 대해 알려주는 전문가의 조언은 없는 것보다 있는 것이 더 안전하고 바람직하다.

5. 종이 위에 무언가를 쓰는 것은 하찮은 일처럼 보이지만, 진로탐색과정에서 가장 중요한 작업 중 하나이다. 모든 청년은 Parsons 교수가 작성해오도록 요청하는 내용을 통해 확실한 이득, 직업지도, 방향성, 계획을 세우게 하는 자기분석을 하게 된다. 무언가를 작성한 것을 활용한 분석 방법은 직업의 바다에서 표류하는 나무 조각으로 전락하는 어려움을 가진 청년의 부담을 크게 줄여 줄 것이다.

PART Ⅲ의 사례를 주의 깊게 읽어보면 계획에 실제로 적용할 수 있는 타당한 검사가 주어지므로 독단주의dogmatism나 과학적scientific이라고 과도하게 주장하는 것에서 벗어나게 될 것이다. 직업상담소를 이용하여 실질적인 도움이 되었다고 하는 사람들의 숫자가 그것의 가치와 확실함을 확인해 주고 있다. 결국에는 다른 지역사회에서도 원래의 기본 원칙에 따라 우리의 교육 시스템을 재생산할 것이라고 확신한다.

Ralph Albertson
1909년 5월 1일 Boston에서

INTRODUCTORY NOTE

THE manuscript of this book was practically ready for publication when Professor Parsons died. For a year prior to his death he had given a large part of his time to Vocation Bureau work. Some of the material here used appeared in articles in *The Arena,* and a number of the "cases" in Part III have been published in the daily papers of Boston and New York. The appearance of these articles brought hundreds of letters of inquiry from all parts of the United States, expressing interest in the effort to give scientific vocational counsel to the young. That Professor Parsons would have carried the plan to a greater completeness had he lived, there is no doubt; but the work that he did do is of such value that it is believed many will be grateful to get such information about it as can be given in this volume.

Whatever doubts there may be of the practicability of giving expert vocational counsel to young men and women, there are certain simple truths upon which the plan is based, and which I believe no one will deny.

1. It is better to choose a vocation than merely to "hunt a job."

2. No one should choose a vocation without careful self-analysis, thorough, honest, and under guidance.

3. The youth should have a large survey of the field of vocations, and not simply drop into the convenient or accidental position.

4. Expert advice, or the advice of men who have made a careful study of men and of vocations and of the conditions of success, must be better and safer for a young man than the absence of it.

5. *Putting it down* on paper seems to be a simple matter, but it is one of supreme importance in this study. No young man can make the self-analysis which Professor Parsons calls for *on paper* without gaining a distinct benefit, a guide, a rudder, a plan which will reduce very greatly his liability to become a mere piece of driftwood upon the industrial sea.

A thoughtful reading of the "cases" in Part III will give the reader a fair test of the practical application of the plan and its freedom from dogmatism or any undue claim to the word "scientific." In practical helpfulness to the scores of people who have applied to the Bureau it has established its worth and its sanity; and I am convinced that it will be reproduced in other communities, and eventually, in its fundamental principles, in our educational system itself.

RALPH ALBERTSON.

BOSTON, May 1, 1909.

CONTENTS | 차례

DEDICATION | 감사의 말   5
INTRODUCTORY NOTE | 들어가며   6

PART I 자기 탐색

1. 과학적 방법의 중요성   17
2. 원칙과 방법의 함의   20
3. 상담사와 내담자   31
4. 개인정보에 대한 추가적인 논의   47
5. 조사 방법 요약   78

It must always be borne in mind
that the choice of a vocation should be made
by each person for himself rather than
by any one else for him.

PART II **산업 분석**

6. 다양한 산업에서의 능력 발휘와 성공의 조건	83
7. 산업 분류	109
8. 여성이 진입할 수 있는 직종	111
9. 통계자료 활용	117
10. 근로자 수요 변화	121
11. 근로자 지역 분포	129

The counselor can only
guide, correct, advise, assist the candidate
in making his own final choice.

PART III **관련 기관과 업무**

12. 직업상담소	137
13. 직업상담사 교육기관	139
14. 보충자료	142
15. 상담사례	167
16. 결론	229

Epilogue ǀ 옮긴이의 말

일러두기

1. 기관명과 강조어는 국어와 영어를 동시에 명기했고, 지명과 인명은 영어로 표기하였습니다.
2. 역자가 보충한 자료는 '(역자 첨부)'로 표기하였습니다.
3. 원문에 있는 보충자료를 본문의 내용과 구분하기 위해 표형식으로, 보조설명은 '※'로 재편집하였습니다.
4. 원문에서 사용된 1900년 미국 인구 조사에 대한 자세한 정보는 [https://www.census.gov/programs-surveys/decennial-census/decade/decennial-publications.1900.html]에서 얻을 수 있습니다.

PART
I

자기 탐색

THE
PERSONAL
INVESTIGATION

1. 과학적 방법의 중요성

배우자를 선택하는 것이 아니라면, 직업을 선택하는 것보다 중요한 생애 단계는 없다. 자신의 생애를 바쳐야 할 사업, 전문직, 장사 또는 직업을 현명하게 선택해야 하는 것과 선택한 분야에서 능력을 충분히 발휘하며 성장하는 것은 청년은 물론 모든 사람에게 가장 중요한 문제이다. 이러한 중요한 문제는 각 개인의 적성, 능력, 포부, 자원 그리고 한계와 이러한 요소들이 다른 산업에서 성공 가능한 조건과의 관계를 적절히 고려하여 신중하고 과학적인 방법으로 해결되어야 한다.

만약 자신에게 적합한 산업에서 일하게 된다면, 적합하지 않은 산업에서 일할 때보다 훨씬 더 큰 성공을 거둘 것이다. 즉, 적성과 역량이 조화를 이루지 못하는 직업에서 일하는 것은 비능률적이고 몰입이 어렵고 아마도 하기 싫은 노동으로 인해 낮은 보수를 받는다는 것을 의미한다. 반면에 성향과 조화를 이루는 직업에서 일한다는 것은 열정과 일에 대한 사랑으로 우수한 제품을 만들고 효율적인 서비스를 제공하는 높은 경제적 가치를 추구하게 되어 좋은 보수를 받는다는 것을 의미한다. 매일 하는 일로 자신의 최고 능력과 열정에 부합할 직업을 선택한다면 성공과 행복의 토대를 마련한 셈이다. 그러나 최고의 능력과 열정이 매일 하는 일과 분리되거나 실행과 성장을 위한 일의 범위와 기회를 발견하지 못한다면 즉, 직업이 단지 생계를 위한 수단이 되거나 좋아하는 일이 저녁 시간으로 미루어지거나 삶에서 완전히 밀려 난다면, 이것은 자신이 되고자 하는 사람의 일부분만 이룬 것을 의미한다. 능력을 발휘하고 성공하는 것은 대부분 적합성adaption에 의해서 좌우된다. 이는 마치, 마차를 끌기 위해 소를 사용하고, 우유를 얻기 위해 말을 기르는 것처럼 좋지 못한 결과를 얻을 것이다. 이러한 사례에서처럼 적합성의 차이는 인간의 적성, 능력, 힘, 적응력의 차이보다 더 중요하다.

우리는 일정 기간 학교에 다니게 된다. 그 이후에 가라앉을지 헤쳐나갈지 모르는 이 복잡한 세상 속으로 떠밀려 나가게 된다. 이때 학교에서 직장으로의 전환, 직업 선택과 그에 대한 적절한 준비, 능력 발휘와 성공을 이루는 것 등에 대한 지도가 가장 필요하다. 직업을 선택한다는 것은 집 짓기만큼 어려운 문제이다. 하지만 집 짓는 문제를 다룰 때 그들을 돕는 건축가의 조언을 받아들이듯, 일과 관련된 커리어를 설계하고 생애 문제를 과학적으로 다루기 위해 질문과 답변을 작성하면서 전문적인 정보와 상담을 받는 사람이 아직도 거의 없다.

청년은 일반적으로 우연히, 근처에서 또는 정보도 없이 어쩌다 어떤 분야의 일로 떠밀려 들어간다. 고용주가 높은 비율로 경험하는 비효율성과 직원의 변동, 채용, 훈련의 낭비, 질 낮은 서비스 등으로 인해 수반되는 비용은 많은 청년이 적합성을 거의 또는 전혀 고려하지 않고 적절한 준비나 성공을 보장하기 위한 명확한 목표나 신중히 고려된 계획 없이 일터로 떠밀리게 되는 무질서한 방법 때문이다.

이 책은 전문 상담과 지도를 통해 직업의 선택과 준비 그리고 학교에서 직장으로의 전환과 같은 상황을 개선할 수 있는 실천적인 단계를 알려주는 것이 목적이다. 그 누구도 다른 사람을 위해 어떤 직업을 선택해야 할지 결정해줄 수는 없지만, 그 문제에 접근하여 스스로 현명한 결론을 내리도록 도울 수는 있다.

2. 원칙과 방법의 함의

현명한 직업 선택에는 세 가지 요소가 있다.

> (1) 자신의 적성, 능력, 흥미, 포부, 자원, 한계와 이것들의 원인 등 자기 자신에 대한 명확한 이해
> (2) 다양한 직업에서 요구되는 지식과 성공의 조건, 장점과 단점, 보수, 고용 기회와 전망
> (3) 이 두 가지 사실관계에 관한 합리적 추론

모든 사람에게는 이 세 가지 요소에 대해 도움이 필요하다. 우리가 얻을 수 있는 모든 정보와 지원이 필요하다. 상담이 필요하고 직업상담사가 필요하다. 자신의 인생에서 가장 중요한 결정을 내리는 데 있어 경험이 많은 사람의 세심하고 체계적인 도움이 필요하다.

  자기 자신의 관찰, 독서, 경험 등으로부터 발생한 문제를 더 명확하게 할수록, 도달한 결론의 명확성과 견고함 그리고 달성한 결과의 영구적인 가치가 더욱 향상될 것이다. 따라서 첫 번째 단계는 자기 자신에 대한 탐구이다.

  어떤 사람이 할 수 있는 최고의 성공을 거두기 위해서는 자신의 최상의 능력과 열정이 매일 하는 일과 연결되어야 한다. 그러므로 자신

의 역량, 흥미, 자원, 한계와 그 원인을 규명하기 위해 자신을 분석해야 하고, 자신의 적성, 능력, 포부 등을 각 산업에서의 성공 조건과 비교할 필요가 있다.

자기분석self-investigation 및 자기노출self-revelation 과정에서 아래에 있는 개인정보 질문지를 사용할 수 있다. 질문에 대한 답변은 생각하고 있는 문제에 대해 직·간접적으로 관련이 있는 많은 정보를 제공한다. 주의 깊은 상담사는 내담자의 정확성, 명확성, 단순명쾌함 그리고 생각의 확고함, 세심함, 철저함, 겸손함 또는 자만심. 사고방식, 성격과 능력의 독특한 특성 등 이들 사이에서 드러나거나 드러나지 않은 의미를 매우 잘 알 수 있다. 상담사는 내담자의 개인적인 일과를 조사하고 이미 언급한 일반적인 원칙에 따라 필요하다면 다양한 질문과 검사를 추가로 한다.

질문지를 건네주면서 다음과 같이 말을 할 수 있다.

"이 질문 중에서 어떤 질문에는 매우 확실하게 대답할 수 있을 것입니다. 또는 다른 사람과 관련한 성격에 관한 질문에 대해서 다소 완벽하진 않겠지만 추측해 볼 수 있고 수정할 수도 있습니다. 또한 어떤 질문에는 도움과 세심한 진단 없이 전혀 대답할 수 없을 수도 있습니다. 하지만 최선을 다하세요. 모든 질문을 신중하게 생각하고, 소신 있는 답변을 작성하고, 그렇게 작성된 검사자료나 증거를 제시해 주세요. 자신에 관한 철저한 탐구는 진정한 생애 설계의 기반이 됩니다. 거액의 거래를 성사한다는 생각으로 신중하게 질문에 대해 정확하게 답변해 주세요. 자신에 대한 올바른 판단은 그 이상의 의미를 가질 수 있습니다. 다른 사람인 것처럼 자신에게서 멀리 떨어져서 판단해 보세요. 자신을 직시해 보세요. 다른 사람과 비교해 보세요. 동료와 함께 듣고 보았던 강의나 연극, 혹은 함께 읽은 책의 한 구절이나 책 중에서 가장 좋았던 것을 최대한 얼마나 많이 기억할 수 있는지 확인해 보세요. 여러분이 존경하는 사람의 행동, 대화, 모습에 주목하고, 존경하지 않는 사람과 어떻게 다른지 확인해 보세요. 그런 다음 자신과 가장 비슷한 점은 무엇인지 확인해 보세요. 내가 아는 훌륭한 사람들만큼 신중하고, 철저하고, 시간을 엄수하며, 신뢰할 수 있고, 끈기있고, 선량하고, 동정심이 있는지 확인해 보세요. 자신에 대해 올바른 판단을 내릴 수 있도록 도와주는 친구를 가까이하고, 무엇보다도 자만심과 아첨을 경계하도록 하세요. 당신이 할 수 있는 한 당신의 성격, 지식, 정신력, 외모, 태도 등의 모든 요소를 진단해 보세요. 그다음에 상담사에게 그 결과를 가져가세요. 상담사는 그것을 수정하고, 추가로 진단을 하고, 아직 만족스럽게 답하지 못한 문제를 예측하는 방법을 제안하고, 앞으로 일을 하게 될 다양한 직업과 관련된 당신의 적성, 능력 등과 직업에서의 자격요건, 성공 조건, 장점과 단점, 기회와 전망 등의 관계를 고려할 것입니다. 또한 당신이 결정할 수 있는 일의 영역에서 최고의 능력을 발휘하고 성공을 보장하기 위한 최선의 준비와 성장 방법을 고려할 것입니다."

내담자 스스로 하는 탐구는 주어진 질문에 따라 답변한 것에 내포된 것보다 훨씬 더 많은 내용을 상담사에게 알려준다. 주의력, 정확성, 기억력, 사고력의 분명함 및 명확성, 솔직 또는 모호, 자만 또는 겸손, 상식 등에 관한 중요한 메시지를 읽을 수 있으며, 이것은 각각의 사례에서 만들어져야 할 제안을 제시하는 데 도움이 된다.

내담자가 직접 탐색한 내용 외에도, 상담사는 보통 개별면접에서 내담자에게 질문을 충분히 한다. 친족, 가족, 교육, 독서, 경험, 흥미, 적성, 능력, 한계, 자원 등에 대해 글로 된 답변으로는 알기 어려운 것을 생생하고 직접적으로 연관성이 있는 질문을 통해 조사한다. 기억력을 검사하고 가능한 한 일반적인 지능, 촉각 반응, 신경 반응, 시각 반응, 청각 반응, 연상 검사 등 이러한 검사로 나타난 결과는 문제의 중요한 구성요소가 될 수 있다. 예를 들어, 예술가는 무엇보다도 좋은 시각적 기억력과 섬세한 촉각이 있어야 한다. 치과의사는 예리한 시각, 섬세한 촉각, 손과 눈의 협응 능력 그리고 신경을 깊이 써야 한다. 만약 언어 기억에 결함이 있거나 청각 반응이 느리다면, 아마도 전문적인 속기사가 되기는 어려울 것이다. 또한 시각과 청각의 느린 반응은 유능한 전신기사나 운전기사로서 고도의 전문가가 될 가능성이 희박하다는 것을 보여주는 하나의 지표가 될 것이다. 근로자의 반응시간에 관한 심리학 연구에서 실행에 많은 영향을 미치는 특별한 원인으로 자극, 집중, 정서 상태에 따라 많은 차이가 난다는 것을 밝혀냈다. 그러나 시각과 청각 반응에 대한 예일 대학Yale University의 연구는 합리적인 판단을 내릴 때 이러한 사실을 고려하는데 명확한 근거를 제공하는 것 같다. 이것은 권위 있는 많은 연구자의 의견이다. 극단적인 자극과 신경을 많이 써야 하는 상황에서의 정상적인 반응과 과한 반응에 대해 주의 깊게 연구하여 평균의 결과와 비교해 보면, 그 결과는 확실히 개개인의 적성과 능력에 대한 가능성을 이해하게 한다. 이와 유사하게 평상시에 느린 청력 반응의 여성에게 일반적인 청력 반응을 가진 여성의 속기 속도만큼 빠르고 완벽한 속기를 능숙하게 하는 것을 기대할 수 없다. 연상 시간, 기억 시간, 의지 시간 등의 검사는 교차 검사에서 성장 가능성, 실행 능력, 대규모 업무 관리 적합성 등을 어느 정도 밝혀 줄 수 있다. 기억과 연상의 속도와 명확성, 결정의 기민함과 분명함 등은 앞에서 언급한 능력을 키울 수 있다. 그럼에도 불구하고 이러한 모든 징후는 단지 실마리일 뿐이고, 그 사람이 처해있는 다른 모든 상황과 함께 고려되어야 할 암시임을 잊어서는 안 된다. 결정을 지연하거나 기억력이 좋지 않다는 단점은 근면, 성실, 활력, 인내심, 상식, 올바른 판단 등에 의해 극복될 수 있다.

가능성이 있는 분야에 대한 폭넓은 시야를 가지기 위해, 여성이 돈을 버는 200가지 이상의 산업 목록과 남성을 위한 산업 목록을 제시한다. 각 산업에서 성공하는 조건으로 첫째, 모든 산업에 광범위하게 적용되는 기본 조건과 둘째, 특정 산업에 적용되는 특수 조건과 이와 관련해서 이루어진 연구가 있다. 예를 들어, 건강, 힘, 주의력, 열정, 믿음, 일에 대한 사랑 등은 어떤 산업에서든지 최고의 성공을 이루는 데 필수적인 요소이다. 반면에 말로 표현하는 능력은 정치계, 법조계, 공직에서의 성공과 관련이 있다. 조직화와 집행 능력, 인간 본성에 대한 지식과 그것을 다루는 능력, 사람을 조화롭고 효과적으로 관리 할 수 있는 능력은 더 규모가 큰 산업에서 중요한 요소이다. 그리고 섬세한 촉각, 손과 뇌의 협응 능력, 색, 형태, 비율의 예민함, 청음 능력은 예술적이고 음악적인 성공에 있어서 특별한 요소이다.

     각각의 주요 산업을 기준으로, 다양한 종류의 산업 중심지 위치와 수요의 지리적 분포는 다양한 업무에서 특별하거나 일반적인 기회로 분류될 수 있다. Massachusetts주의 모든 주요 산업을 보여주는 표와 다른 주와 미국 전체를 대상으로 만들어진 표는 경제 발전과 지리적 관계를 보여주고 있다. 산업의 성장과 수요 흐름과 관련해서 주목해 보자. 예를 들어, 인구 조사에 따르면 Massachusetts주의 인쇄 산업의 성장률이 제조업과 기계 산업 전체 성장률의 4배라면, 그와 관련된 직업훈련이 매우 빠르게 성장할 것이며, 그로 인해 각 직업훈련기관에 유능한 교사와 기계 공학, 목공, 기계 작업 등의 수요가 공급보다 훨씬 많아질 것이다. 이 분야의 데이터가 축적됨에 따라 즉각적이고 구체적인 채용의 기회와 다양한 직업에서 일반적이고 지속적인 수요와 관련해서도 점점 더 완전하고 완벽한 정보 이용이 가능해질 것이다. 급여, 근로조건, 승진 가능성 등에 관한 자료도 수집하여 체계화해야 한다.

     이때 적절한 직업소개소와 협력을 하게 되면 매우 가치 있고 도움이 되는 결과를 얻을 가능성이 있다.

잘 운영되고 있는 직업학교에서 제공하는 훈련시간표와 함께 각 훈련의 기간, 시작하는 날짜, 일간 또는 주간 수업 소요 시간, 입학 가능한 나이, 학비, 공부를 하면서 돈을 벌 수 있는 기회 등 직업적인 것과 관련이 있는 내용과 주간과 야간 과정으로 한눈에 알아볼 수 있게 정리한다. 이것으로 모든 교육기관에 대해 사람들이 원하는 프로그램, 시간, 학비, 조건 등의 상대적인 이점을 한눈에 볼 수 있다.

분석력을 키우기 위해 특별한 노력이 필요하다. 우리 삶의 모든 부분에서 매우 중요한 요소인 명석한 사고와 지적인 이해력은 책, 인간, 전체 산업 통계자료, 경제 현상, 정치와 사회 문제 등에서 본질적인 사실과 원칙을 알 수 있게 한다. 그리고 최소한도의 용어로 필수적인 사항을 축약하고 간단한 다이어그램이나 도형으로 실제 관계를 그룹화하는 능력도 매우 중요하다. 분석력은 숙달과 성취의 초석이 된다. 분석력을 개발하기 위해 분석 작업을 잘하기 위한 적용 가능한 사례를 주거나 좋은 책을 읽고 분석하도록 하고 조사해서 사실을 분석 형태로 요약하도록 한다. 분석을 연습한 후, 상담사로서 질문하기에 가장 적절하다고 생각되는 12개의 항목 또는 그중 일부를 다음과 같은 더 확장된 상담 규약으로 사용한다.

직업상담소와 합의하에 _____ 년 월 일에 ___책제목___ 을 읽고 다음 항목에 대한 주요 사항을 한 페이지 이상 작성하고 이것과 관련된 모든 공통된 장점에 대해 상담사와 이야기를 나눕니다.

다음 항목에 대해 주요 사항을 적습니다.

1. 사실 _ 중요하다고 생각되는 사실 6가지
2. 사건 _ 이 책의 주요 사건이나 장소
3. 원칙 _ 필수적이라고 생각되는 원칙 6가지
4. 등장인물 _ 주요 등장인물(만약 이 책이 등장인물 중심이라면)과 그들의 가장 두드러진 특징
5. 아이디어 _ 가장 흥미롭고 영감을 주는 아이디어
6. 제안 _ 가장 도움이 되는 제안내용과 나의 삶에 적용 여부
7. 아름다움, 활용, 유머 _ 특히 아름답고, 참신하고, 활용할 수 있고, 유머러스한 구절
8. 흥미와 그 이유 _ 무엇보다도 가장 흥미 있는 것, 흥미가 있는 이유
9. 윤리, 도덕 _ 이 책의 등장인물, 사건, 사상 그리고 원칙의 윤리적인 측면 또는 옳고 그름
10. 상식 _ 목적, 방법, 구성, 스타일 등에 대한 비판. 만약 저자가 다음과 같이 질문한다면 어떻게 대답할 것인가?
    (a) 얼마나 좋았나요?   (b) 어떤 부분이 좋았나요?
    (c) 어떤 부분이 싫었나요?   (d) 어떤 부분을 바꾸고 싶나요?
11. 비교, 순위 _ 지금까지 읽었던 다른 책과 비교해 볼 때 순위
12. 활용성 _ 이 책의 일반적인 유용성 즉, 책에 있는 사실, 가르침 등을 개인, 사회, 정부, 산업, 문명화 등에 적용

내담자가 자기 탐구를 시작하기 전에 적어도 15분 동안(혹은 30분~1시간도 좋다) 교육, 독서, 경험, 여가시간 관리 및 자금 관리, 흥미와 포부, 가지고 있는 문제의 전반적인 윤곽과 같은 사적인 이야기를 나누는 것이 가장 좋다고 생각한다. 때로는 첫 번째 면담에서 꽤 명확히 알 수도 있긴 하지만, 때로는 올바른 단서를 얻기 위해 많은 탐구가 필요하다. 만약 지원한 청년이 아직 덜 성숙하고 경험도 많지 않고 특별한 소질을 보이지 않는다면, Fowler의 「인생의 시작 Starting in Life」[1]과 기타 직업 관련 서적에 나오는 다양한 직업에 대해 읽어보도록 조언하고, 농장, 공장, 목공소, 기계조립 공장, 실험실, 전기공사, 철도 차고, 건축 중인 건물 공사장, 신문사, 사진관, 법원, 은행, 상점 등을 방문하여 그곳에서 일하는 직원은 물론이고 책임자와 이야기를 나누도록 한다. 가능하다면, 농장에서 일해 보거나, 가축을 돌보거나, 공장, 사무실, 상점 등에서 다양한 종류의 일을 시도해 보도록 한다. 이는 자신의 적성과 능력을 발휘할 충분한 경험을 쌓기 위해서이기도 하고, 만약 그런 적성과 능력이 있다면 그가 세상에서 무엇을 하려고 할 것인가에 대한 현명한 판단의 기초를 마련하기 위함이기도 한다.

전문화하는 것뿐만 아니라 **영역을 넓히는 것** breadth도 중요하다. 만약 어떤 사람이 자기가 하는 일에 즉시 적용되는 특별한 지식 외에 다양한 것을 알지 못한다면, 완벽하게 성공하지 못하거나 산업에서

---

[1] Nathaniel C. Fowler가 1906년에 출판한 책으로 학교를 졸업하고 인생을 막 시작하는 학생들을 위해 다양한 직업의 프로파일을 소개해주고 있다. (역자 첨부)

끊임없이 발생하는 변화에 대해 안전할 수 없다. 많은 경우에 다양한 경험을 하지 않고서 자신의 진정한 흥미와 적성을 확실히 드러낼 방법은 없다. 특정 분야의 일에 대해 흥미가 있거나 없다는 것은 그 일에 대해 잘 알고 있거나 잘 모르는지의 결과이며 그 분야에 대한 강점과 약점을 알려주는 표시일 수 있다. 자녀들은 자기 아버지의 직업을 싫어하는 경우가 많은데, 그 이유는 아버지 직업의 상세한 사항을 모두 알기 때문이다. 반면 다른 직업은 겉으로 보이는 면만을 잘 알고 있어서 그 직업의 단점을 알지 못한다. 더 폭넓게 경험하는 것이 지금 겉으로 보이는 증거들보다 더 강력한 새로운 흥미와 적성을 발견할지도 모른다. 많은 청년이 사무직, 농업, 생산직, 전문직 중 어떤 일에서든 성공할 수 있다. 공정한 승진 기회가 있는 믿을만한 일은 그들이 신입 단계를 지나 충분한 기술을 습득하고 합당한 능력과 확신을 가지고 일하는 것이 천직$_{calling}$이라는 것을 이해하게 되면서 그들에게 흥미를 줄 것이다. 이러한 경우에 직업의 선택은 주로 기회와 산업 수요에 대한 문제가 된다. 만약 청년에게 적합하고 능력을 발휘하며 성장할 수 있는 좋은 일을 부모님, 친척, 친한 친구가 하고 있다면, 이 기반을 포기하고 다른 건물을 새로운 부지에 세워야 한다는 명제에 대해 증명해야 하는 부담이 있다. 만약 임업, 농업 과학, 경영 및 사무관리, 기술을 사용하는 예술 공예, 기계 공학 교습 등의 분야에서 일할 기회가 주어지지만, 동부, 서부, 남부라는 지역적인 경우가 결정적인 요소인 경우에는 지역적인 것에 중요한 비중을 두어야만 한다. 비싼 교육 과정을 수강할 만한 능력과 보수가 많은 실무나 직위를 위해 오랜 시간 버틸 수 있는 것과 같은 자원의 문제 또한 매우 중요하다. 그러나 다른 모든 것보다 우선하는 근본적인 문제는 성공한 사람이 매일 해야 하는 일에 그의 최고의 능력과 열정과 관련한 **적합성**adaptation의 문제 즉, **일치성**uniting의 문제이다.

3. 상담사와 내담자

나는 학교나 협회의 학생이나 청년에게 다음과 같은 내용으로 문제를 제시하면서 강의를 시작한다.

"만약 여러분이 백만 달러를 투자한다면, 투자 방법을 연구하고 투자에 익숙한 사람들로부터 조언을 구하고 안전하고 많은 배당금을 받을 수 있는 곳으로 매우 조심스럽게 투자할 것입니다. 여러분의 삶은 백만 달러 이상의 가치가 있습니다. 여러분은 돈 때문에 자신의 삶을 팔지 않을 것입니다. 그리고 여러분은 자신의 삶을 위해 매일, 매주 투자하고 있습니다. 그렇다면 여러분에게 열려있는 다양한 투자 방법을 연구하고 있으며, 자본에 대한 최고의 이익을 얻기 위해 어떤 투자를 해야 할지 결정하는데 도움을 받을 수 있는 상담을 받고 있나요?

직업상담소는 당신을 돕기 위해 설립되었습니다. 인생에서 가장 중요한 단계 중 하나는 직업을 선택하는 것입니다. 만약 일이 나에게 적합하고 스스로 적응할 수 있는 분야에서 일을 계속할 수 있다면 여러분은 행복하고 성공할 가능성이 있습니다. 만약 어떤 사람이 자신의 일을 사랑하고 잘할 수 있다면, 그는 보람 있고 행복한 삶을 살 수 있는 기반을 다진 것입니다. 그러나 가지고 있는 최고의 능력과 열정이 매일 해야 하는 일에서 발휘될 기회가 없다면, 직업은 단지 생계를 위한 수단이 될 뿐이고, 좋아하는 일이 저녁 시간으로 미뤄지거나 삶에서 완전히 밀려난다면, 앞으로 되고자 하는 사람의 극히 작은 일부분에 불과할 것입니다. 능력 발휘와 성공은 대부분 적응에 달려 있습니다. 여러분은 자신이 가장 잘 적응할 만한 일을 알아야 하고 그 방향으로 시작해야 합니다.

처음부터 제대로 된 직업에 종사하지 못할 수도 있습니다. 어떤 식으로든 자신에게 가능한 방식으로 생계를 잠시 동안 유지해야만 할지도 모릅니다. 하지만 자신에 대해 탐색해 보고 다양한 산업에 대한 충분한 지식을 얻어서 여러분이 어떤 종류의 일에 가장 잘 적응하는지를 결정하고, 그 분야에서 능력을 발휘할 수 있도록 여러분 자신을 세심하게 준비한다면, 당신이 매일 하는 일에서 자신이 가지고 있는 능력을 최대로 활용할 기회가 올 것입니다.

Lincoln은 농사, 벌목, 막노동, 뱃사공, 교사, 우체국장, 블랙호크 전쟁Black Hawk War[2] 민병대, 점원, 토지측량기사를 하기도 했습니다. 하지만 이렇듯 생계를 위해 무엇을 하든지 간에, 그는 항상 여가 시간에 좋은 책을 읽고 이야기를 하며 공공의 문제

---

[2] 1832년 미국 연방과 원주민이자 Sauk의 지도자인 Black Hawk에 의해 발생한 전쟁. [출처: wikipedia, https://en.wikipedia.org/wiki/Black_Hawk_War] (역자 첨부)

에 관해 토론하는 데 시간을 보냈습니다. 또한 계속해서 자기 자신을 탐구하여 결국 자신의 능력은 신체적으로 엄청나게 힘이 세고 사람들이 그의 말을 듣고 싶어 하도록 하는 강력하고 매력적으로 자신을 표현하는 힘이라고 결론지었습니다. 그의 체력은 대장간과 같은 고된 일에도 적합해서 대장간 일을 배울지 법률 공부를 할 것인지 혼자 고민했습니다. 대장간 일을 시작하는 것은 비교적 쉬울 것입니다. 왜냐하면 자본이 많이 필요하지 않고 아마도 즉시 생계를 유지할 수 있을 것이기 때문입니다. 반면에 훌륭한 변호사가 되고 스스로 살아갈 정도로 충분한 실무를 익히는 데는 많은 시간과 돈이 들 것입니다. 육체적인 힘으로 진입이 쉬운 길은 그를 대장간에서 쉽게 일을 하도록 했지만, 그의 사고방식과 성격의 뚜렷한 특성이 공적인 삶과 법조계에 적합한 고차원적인 힘에 있다는 것을 알게 되었습니다. 그 길은 어려웠지만, 소명을 따랐습니다. 그리고 그의 학업과 사회적 활동과 법조계에 입문하는 것을 도와줄 친구들을 찾았습니다. 그는 25세에 Illinois주 의회 의원으로 선출되었고, 28세에 Springfield에서 변호사를 시작했습니다.

나머지는 아시겠지만, Lincoln은 점차 훌륭한 변호사가 되기 위한 실무를 쌓아가고, 의회에 진출하여 권력을 갖게 되었고, 1860년 51세의 나이로 국가의 최고 통치자로 선출되었습니다. 만약 그가 점원, 측량사, 뱃사공으로 남았다면, 우리는 아마 그에 대해 들어본 적이 없었을 것입니다. Lincoln은 자신의 일을 잘하고 정직하게 살면서 여가시간에 이웃들과 이야기를 나누고 공공의 문제를 토론하는 데 할애했을 것입니다. 자신이 발휘할 수 있는 최고의 역량이나 열정이 일과 동떨어져 있었다면, 그는 이것을 여가시간에 분출할 곳을 찾았을 것이고, 반면에 그의 일은 단순히 생계를 유지하기 위한 수단이었을 것입니다. Lincoln은 자신의 최고의 능력을 발견하고 발전시키기 위해 자신을 자세히 들여다보았고, 자신의 가장 높은 적성, 능력, 열정이 총체적으로 발휘되고, 이것이 일상 업무와 하나가 될 수 있는 유용한 분야를 준비하고 진출하는 데 끈기 있게 임했고, 이것이 그가 크게 성공한 근본적인 이유 중 하나였습니다.

여러분은 자신의 주요한 능력이 어떤 방향을 향해 있는지, 성공하기 위해서는 어떤 분야가 가장 적합한지, 그리고 성장을 하려는 방법과 원칙은 무엇인지 알아냈나요? 만약 그렇지 않다면, 자신의 적성, 능력, 흥미, 포부에 가장 적합한 직업에 대한 명확한 의사결정을 하고 성공적인 경력을 이루기 위해 스스로 가능성과 자기 탐색을 시작할 때가 아닐까요?"

그런 다음 시스템이 어떻게 작동하는지 알려주기 위해 직업상담소를 방문하기 전에 몇 가지 사례들을 설명한 후 상담사와 상담 예약을 원하는 사람에게 초대장을 전달한다. 때때로 상당히 많은 사람이 이 초대에 응했다. 예를 들어, 30~40명의 청년에게 강의했지만, 그 이후 교사와 더 많은 수의 청년이 약속을 잡았고 그로 인해 이후 2주 이상 상담사가 바쁘게 일을 하였다.

많은 사람이 배포된 전단지 또는 간간이 게재하는 신문 보도자료를 보고 개별적으로 방문하였다. 내담자와의 첫 면담은 일반적으로 15분에서 1시간 정도가 필요하다. 내담자의 상황에 대해 전반적으로 파악하기 위해 충분히 시간을 두고 질문한다. 때로는 지금 내가 있는 자리에서 질문에 대한 답을 작성해 달라고 부탁하지만, 더 많이 사용하는 방법은 내가 가지고 다니는 직업상담신청서 vocation register 에 직접 답변을 적어놓는 것이다.

내담자의 이름과 주소를 파악하는 것으로 시작한 다음 자신의 문제를 간략하고 간결하게 말하도록 요청한다. 이때 말하는 시간이 1~2분을 넘기지 않도록 한다. 다급한 마음을 진정시키고 상담사가 처음부터 어려움의 핵심을 꿰뚫고 있다고 느끼게 한다. 그렇게 되면, 내담자는 더 준비하게 되고, 더 의지를 갖게 된다. 그렇지 않다면, 상담사가 내담자를 완전히 이해하기 위해서 내담자가 반드시 수행해야 할 온갖 세부적인 사항들에 대해 세밀한 질문을 하게 될지도 모른다. 이 면담의 유일한 조건은 서로에게 완벽하게 솔직해야 한다는 것이다. 그것이 우리가 원하는 가치 있는 결과를 얻을 수 있는 유일한 방법이다.

대체로 다음과 같은 질문을 사용한다.

나이는 어떻게 되나요?
키는 어떻게 되나요?

몸무게는 어떻게 되나요?

건강상태는 어떤가요? 최근 2년(또는 5년, 10년) 동안 질병으로 허비한 시간은 얼마나 되나요?

인내심을 시험하게 하는 일을 경험한 적이 있나요?

얼마나 멀리 걸을 수 있나요?

얼마나 무거운 것을 들 수 있나요?

소화는 잘 되나요?

가족 중에 유전성 질환이 있나요? 그렇다면, 무엇인가요?

태어난 곳은 어디인가요?

아버지는 어떤 일을 하고 있나요? 친할아버지와 외할아버지와 친삼촌과 외삼촌은? 형제가 있다면 형제는? 각자의 사례 중에서 일의 범위와 중요하게 생각한 것은 무엇인가요? 당신은 그런 일에 진입할 기회가 있나요? 아버지 또는 삼촌이 하는 일에 관심이 있나요? 아니면 싫어하나요? 아버지, 삼촌, 형제 등이 그들의 분야에서 당신이 성공하도록 도와줄까요?

때로는 가족의 직업이 가르치는 일이나 제조업과 같은 특정한 직업으로 치우쳐 있다는 것은 청년의 적성이 거짓으로 드러날지도 모르는 방향의 징후를 알려줄 수 있으므로 기록을 해 둔다. 또한 아버지나 형제, 삼촌이 종사하는 일에 진입하기 위한 기회는 그 방향으로 진로를 정하는 것을 신중하게 고려할 만한 충분한 이유가 되기에 매우 좋은 상황이다.

원칙적으로 이러한 고려사항은 그 당시에 언급하지 않고, 조사가 끝날 때까지 또는 내담자에게 자신의 직업 선택과 관련하여 제안할 수 있을 때까지 미룬다.

다음으로 학교 교육, 독서 등에 대해 질문한다.

어떤 학교 교육을 받았나요?
가장 좋은 성적을 낸 과목은 무엇인가요?
가장 나쁜 성적을 낸 과목은 무엇인가요?
가장 좋아한 과목은 무엇인가요?
가장 싫어한 과목은 무엇인가요?
대체적으로 학교에서 몇 등을 했나요?
학업에 최선을 다했나요? 아니면 시간과 관심이 주로 운동이나 사회 문제 등 다른 것들에 폭넓게 흥미가 있었나요?
책, 잡지, 신문 등과 같이 학교 공부와 관련성이 없지만, 스스로 주도적으로 읽는 것은 무엇인가요?
읽은 책 중에서 가장 좋아하는 책은 무엇인가요?
가장 좋아하는 작가는 누구인가요?
역사 서적(경제 서적, 정치 서적)을 읽어보았나요? 읽어보았다면 어떤 책을 읽었나요?
여가시간은 어떻게 보내나요?
지난주 매일 저녁을 어떻게 보냈나요?

휴일에는 무엇을 하나요?
최근 가장 관심 있어 하는 것은 무엇인가요?
만약 세계박람회에 간다면, 어떤 것에 가장 관심이 있을까요? 무엇을 먼저 보러 갈 것 같은가요?
당신의 포부는 무엇인가요?
당신이 되고 싶은 사람을 선택할 수 있다면, 역사적인 인물 또는 살아있는 사람 중에서 누가 있을까요?

이러한 질문은 내담자의 적성과 흥미를 드러낼 뿐만 아니라 단점과 갈피를 잡지 못하는 면을 보여주기도 한다.

다음으로 경험에 대해 질문을 한다.

몇 살에 처음으로 일을 시작했나요?
처음으로 한 일은 무엇인가요?
그 일을 어떻게 구했나요? 고용주가 당신을 직접 고용했나요? 아니면 개인적으로 지원했나요? 또는 부모나 친구가 소개해 주었나요?
처음에 얼마를 받았나요?
얼마 동안 일을 했나요?
그 일은 마음에 들었나요?
고용주나 상사에게 칭찬을 받았나요? 아니면 잘못을 지적받았나요?

왜 퇴사했나요?

퇴사 직전에 얼마의 보수를 받았나요?

그다음에 무슨 일을 했나요?

(두 번째와 그 이후의 직업 경험들과 관련하여 첫 번째 직업에서 질문했던 모든 질문을 반복하고 그 상황에서 필요하다고 생각되는 다른 질문을 한다.)

돈을 저축했나요? 투자했나요? 만약 그렇다면, 어떤 방법으로 저축하거나 투자하나요?

돈을 어떻게 사용하나요?

보살펴야 할 사람이 있나요?

담배 피우세요?

술 마시나요?

이 질문 과정이 끝날 때쯤 상담사는 꽤 정확하게 내담자를 분류할 수 있다. 내담자는 주로 두 부류로 나뉜다. 첫 번째 부류는 적성과 흥미가 잘 발달되어 있고 직업 선택과 관련하여 합리적인 결론을 내릴 수 있는 실질적인 기반을 가진 사람이다. 두 번째 부류는 경험이 너무 적거나 특별한 적성이나 흥미를 드러내지 않아서 현명한 결정을 내릴 근거가 아직 없는 사람이다. 후자에게는 다양한 직업에 관한 책과 잡지 기사를 읽게 하고, 다양한 산업과 관련된 기관을 방문하게 하고, 현직에서 종사하는 사람을 만나서 그들과 이야기를 나누고, 일과 급여가 마음에 드는지, 마음에 들지 않는 것이 있다면 그것이 무엇인지, 자신이 하는 분야의 일을 다른 사람이 시작하도록 권할 것인지 아닌지, 그렇다면 그 이유는 무엇인지를 묻도록 한다. 어떤 경우에는 다양한 직업 즉, 농업, 목축, 목공, 기계를 다루는 일, 활자 조판, 상품 판매 등의 실습을 해 보면서 실제 경험을 넓히고 심화시키며, 그에게 잠재되어 있거나 쉽게 습득할 수 있는 특별한 역량, 적성, 흥미, 능력을 밝혀내고 개발하도록 내담자에게 권유한다. 이러한 독서, 조사, 실제적인 자기 계발을 몇 주 혹은 몇 달을 한 뒤에 내담자는 돌아와서 다시 면담을 할 수 있다. 이때 자신이 준비하기에 가장 적합한 업무 분야에 대한 어느 정도 확실한 결론에 도달할 수 있을 것이다.

이 책에 실린 실제 사례의 기록을 주의 깊게 살펴보면 누구나 알 수 있듯이, 첫 번째 부류의 내담자를 대할 때 첫 면담에서도 아주 확실한 제안을 하는 것이 가능하다.

위와 같은 내담자에게 일반적으로 다음과 같이 물어볼 수 있다.

만약 Boston의 모든 사람이 여기에 모두 모여 있고 어떤 동식물학자가 동물과 식물을 분류하는 것처럼 사람을 분류한다면, 당신은 어떤 부류에 속할 것 같나요?
만약 있다면, 다른 사람보다 어떤 점이 우월한가요? 또는 다른 사람보다 어떤 점이 열등한가요?
과학자가 당신을 기술자 집단, 전문가 집단, 경영가 집단 또는 노동자 집단으로 분류를 한다면 어디에 속하나요?

예술적인, 지적인, 육체적인, 빠른 또는 느린, 신중한 또는 부주의한, 열정적인 또는 열정적이지 않은, 능력을 발휘하고 있는지 또는 발휘하지 못하고 있는지 등으로 분류한다면 어디에 속하나요?

이는 면담 과정에서 드러난 특징에 관해 내담자의 관심을 집중시키고, 이들이 어떤 집단에 속하게 되는지를 알 수 있게 한다. 그런 다음, 상담사는 다양한 산업에서 성공의 조건을 보여주는 표를 가지고, 이것과 관련하여 나온 것을 함께 검토하며, 내담자의 흥미, 적성, 포부, 장점과 단점 그리고 다른 산업에서의 성공 조건 사이의 진정한 관계에 대해 어떤 타당한 결론을 도출할 수 있는지 여부를 확인한다.

만약 상당한 자격을 갖추고 있는 청년이 어떤 일에서 좋은 기회를 얻거나 순조롭게 시작하게 된다면, 새로운 분야가 다소 더 매력적일 수 있다. 하지만 진입하기가 쉽지 않고 성공적인 결과를 가져올지도 확실하지 않기 때문에 새로운 분야에서 경력을 쌓으려고 하는 것보다 지금 이 기회를 따라가는 게 더 나은 것인지와 관련한 의문이 생길 수 있다.

두 부류의 내담자에게 몇 가지 질문을 한 후 빈 공책과 함께 직업상담소의 지침서와 개인 조사와 관련된 전단지를 주고 친구의 도움을 받아 자신에 대해 주의 깊게 살펴보도록 요청하는 것은 상담사 대부분이 하는 일이다. 가능한 한 주어진 질문 문항에 대한 답변을 공책에 작성한 후에 다음 면담에 오도록 한다.

이런 과정이 필요하지 않을 만큼 명확한 상황이 있을 수도 있지만, 상담사가 제시한 질문이 직업을 선택할 때 적성과 능력을 결정하지 못하거나 현명한 준비 방법에 대한 명확한 방향 제시를 못 한다면, 내담자는 스스로 더 충분히 탐색해야 한다. 비록 필수적인 것은 아니지만 어떤 경우라도 이렇게 하는 것은 자신에게 아주 좋은 일이다.

내담자에게 건강, 교육, 독서, 경험 등에 대해 질문하는 동안, 두상, 귀의 앞·뒤의 상대적 발달 정도, 용모와 표정, 피부색, 발랄함, 목소리, 매너, 태도, 자세, 전반적인 활력, 열정 등을 주의 깊게 관찰한다.

위에 제시된 질문에 답변 내용과 답변하는 방식은 청년의 정신적인 발달정도를 이해하는데 유용한 정보가 된다. 즉, 30분~45분 동안 내담자의 과거, 이유, 미래 모습에 대해 세심하게 질문을 하는 상담자에게는 실질적인 정보 제공처가 된다. 그리고 업무 경험, 그에 대한 고용주의 태도 그리고 고용주에 대한 그의 태도, 여기저기 직장을 옮기는 이유와 같은 이 모든 것은 기질, 능력 발휘 그리고 일반적인 성향의 근거가 된다.

그러나 특정한 검사는 상담사가 가장 필요하다고 생각하는 상황이면 어디든지 적용될 수 있다. 예를 들어, 기억력을 테스트하기 위해서 책에서 10, 15, 20, 30, 50개의 단어로 된 좋은 영어 문장을 내담자에게 읽어 준 후 내담자에게 그 문장을 반복하도록 요청해 볼 수도 있다. 또한 혼자서 읽고 문장을 반복하거나 쓰도록 할 수도 있다. 만약 10개나 12개의 단어만 정확하게 기억할 수 있다면 언어 기억력은 형편없는 것이고, 40개나 50개의 단어를 기억할 수 있다면 언어 기억력이 꽤 좋다고 할 수 있다. 자신의 일경험과 과거사에 대해 날짜와 세부 사항을 제시할 수 있는 자발성과 정확성은 그 자체로 훌륭한 기억력 검사가 된다.

가끔 상담사는 촉각의 예민함과 섬세함을 검사하고 싶어 할 수도 있다. 이것을 검사하는 한 가지 방법은 지름 1mm 또는 1.5mm의 아주 작은 원들이 연달아 그려져 있는 것을 제시하고, 각각의 작은 원의 중심에 정확히 점을 찍고 두 개 원 사이의 중간에 점을 찍도록 내담자에게 요구한다. 그런 다음 이 원들의 집합 각각에 정확히 점을 찍었는지 확인한다.

신속성은 읽기, 쓰기, 걷기의 빠름으로 판단할 수 있으며, 심리실험실에서 또는 어떤 심리검사 장비가 사용 가능하다면 반응 시간, 연상 시간 등의 실험 결과를 통해 과학적인 장비 없이 훨씬 더 정확한 검사를 적용하기가 수월하다.

내담자의 머리가 귀 뒤쪽으로 크게 발달되어 있고, 목이 굵고, 이마가 좁고, 머리 위가 작다면, 동물형 두상일 가능성이 있으며, 다른 증상이 일치하면 이를 토대로 대처해야 한다.

목소리가 거칠거나 불쾌하거나 활기차지 않으면, 일반적으로 발성 연습의 중요성과 명확하고 부드럽고 잘 절제된 어조로 대화하는 것에 대해 강의를 한다.

얼굴이 멍하니 무표정하다면 미소의 경제적 중요성에 관해 이야기한다.

악수에 힘이 없거나 축축하고, 끈적끈적하거나 너무 힘이 들어가 있다면 이러한 결점에 대해 주의깊게 보는것이 좋다. 그래서 만약 그 예의범절이 어떤 식으로든 무례하거나 미숙하다면, 그에게 솔직하지만 친절하게 말하고 잘못을 고치도록 권한다.

즉, 상담사는 내담자가 다른 사람이 보는 그대로 자신을 정확하게 볼 수 있도록 최대한 솔직하고 친절하게 우호적인 노력을 기울여야 하고, 내담자의 성장을 방해하는 결함이 무엇이든지 간에 수정해야 한다.

청년이 사회적인 문제에 대한 적절한 관심을 키우지 못했다면, 상담사는 이와 관련한 읽을만한 책을 추천한다거나 자신이 생각하고 있는 것을 드러내기 위해 참가할 수 있는 단체들에 관하여 제안함으로써 시민으로서 빠르게 성장하도록 시도해 볼 수도 있다. 만약 나쁜 생활습관을 가지고 있다면, 여가시간을 어떻게 보내는지, 돈을 어떻게 쓰는지 등과 관련한 상담사의 질문은 이것을 쉽게 끄집어낼 수 있다. 그런 다음 그러한 습관의 단점과 그 습관을 지속한다면 결과가 어떻게 될 것인지를 온화하고 친절하지만 확고하고 강조해서 청년에게 분명히 제안하는 것이 상담사가 할 일이다.

상담사가 어떠한 서면 또는 인쇄된 자료를 참조하지 않고 쉽게 내담자에게 물어보기 위해서 위에서 제시한 일련의 질문이나 그에 상응하는 질문을 기억할 수 있다면 이것이 자신에게 대단한 장점이라는 것을 알게 될 것이다. 검사의 즉흥성은 최상의 결과를 확보하는 데 매우 중요하다. 또한 법정에서 일류 판사나 변호사가 사용하는 유도신문과 같은 질문을 사용하기 위해서 상담사는 이 책에 실린 사례에 친숙해져야 한다. 책에 있는 사례와 유사한 사례가 발생했을 때 유도하는 질문을 하나하나 잘 기억하고 있다면, 나중에는 내담자를 분류하고 내담자에게 가장 필요할 것 같은 제안을 통해 내담자를 도와주기 위한 질문이 상담사의 머릿속에 즉각적으로 떠오르게 될 것이다. 물론 사례를 엄격히 준수해야 한다는 것은 아니지만, 우리의 주요 사례를 명확하고 철저하게 파악한다면 새로운 문제를 지속해서 조명하는 데 사용할 수 있을 것이다. 또한 상담사는 구체적인 제안을 해야 하고 이에 능숙해지도록 노력해야 한다. "의사가 되려고 쫓아가는 것은 큰 실수를 하게 되는 겁니다."라고 단순히 의사가 되려고 하는 것을 실수라고 말하기보다는, 현재의 자신이 생각하고 있는 의사와의 차이를 명확하게 떠올려 보라고 합니다.

> "당신은 다리에 쇠공을 묶고 달리기를 하고 싶나요? 아니면 다른 사람들처럼 자유롭게 달릴 수 있는 경주를 즐길 수 있는 곳에 참가하고 싶나요?"

그런 다음 그 청년에게

> "당신은 지금 있는 곳에서 시작이 꽤 괜찮은데 왜 그것을 유지하고 발전시키지 않죠?"

라고 말하기보다는 다음과 같은 형식으로 바꾼다.

> "당신은 집을 2분의 1 또는 3분의 2 정도 지었고 벽도 잘 세웠고 지붕을 얹을 준비가 거의 되어 있습니다. 이제 거의 완성된 건물을 두고 새로운 장소로 가서 터를 새로 파고 다시 집을 짓는 것이 현명할까요? 지금의 건물보다 새 건물이 더 마음에 들 거라는 것을 알 수 없는데도 그렇게 할까요?"

이 사례에서 제시하는 이미지 기법picture-method은 청년들의 흥미를 떨어뜨리지 않으며, 항상 사용하는 직접 진술의 방법보다 훨씬 더 설득력 있는 것으로 드러났다.

상담사는 기초 연구를 통해 우리에게 데이터로 제시되고 있는 다양한 분야에서 성공의 조건과 다양한 산업의 수요 분포에 대한 가능한 모든 정보를 스스로 수집해야 한다. 또한 내담자가 결정한 직업을 준비하기 위한 최선의 방법을 선택하는 데 도움을 줄 수 있도록 학습 강좌에 대한 정보도 충분히 가지고 있어야 한다. 또한 상담사는 주도적인 사람의 젊은 시절의 특징과 그들의 습관과 이후 삶의 성장과의 관계에 대한 생애사 자료를 수집하는 것도 잘해야 할 것이다. 가능하다면, 기본적인 생애사skeleton biography와 맞춰서 유년 시절과 성인이 된 다음의 사진을 확보해야 한다. 이러한 사진과 자료는 주요 잡지 및 기타 출판물에서 얻을 수 있으며 또는 생애사를 알고 있는 사람과 직접 대화하여 얻을 수도 있다. 이러한 기본적인 생애사는 평생 직업을 결정하려는 청년들에게 가장 큰 관심사가 될 것이며, 내담자 분류, 미래 가능성, 상담사가 내담자에게 하는 가장 최선이 될지도 모르는 제안사항에 대해 결정을 내리는 데 있어서 상담사에게 가장 유용할 것이다.

4. 개인정보에 대한 추가적인 논의

이미 말했듯이, 모든 사례에 딱 맞는 일반적인 규칙은 없다. 다양한 개인 상황에 따라 방법은 달라져야 한다. 상담사는 내담자에게 줄 조언에 관해 확실한 의견을 제시하는데 종종 15분 정도가 소요될 것이다. 그러나 많은 경우 문제가 매우 까다로우며, 상담사는 내담자와 세부적인 사항에 대해 논의하기를 원할 것이다. 이러한 목적 때문에 다음에 주어지는 조사지는 반복의 위험이 약간 있을 수 있다. 상담사는 내담자와 함께 이 모든 것을 세밀하게 분석할 시간을 확보하기가 어려운 경우 내담자에게 질문지를 주고 집에 가져가서 스스로 작성하도록 한다.

직업상담을 받으려는 내담자에게

당신이 할 수 있는 한 질문에 답변을 작성한 후에, 상담사는 작성된 내용을 보고 궁금한 것에 대해 이야기하기 위해 만나게 될 것입니다. 직업, 근무 장소, 준비사항과 성공에 대한 문제 즉 어떤 직업이 적합한지와 그 직업에 취업할 기회와 성공적인 취업을 준비하고 이를 이룰 수 있는 가장 최선의 방법이 무엇인지에 더한 것과 이와 관련해서 당신이 다루고자 하는 것을 대화하기 위해서입니다.

또한, 상담사는 당신이 판단하기 어려운 점을 감안해 앞으로의 계획에 관한 정확한 결론을 내리는 데 도움을 줄 것입니다. 하지만 먼저 당신은 가족, 친구, 선생님, 고용주 그리고 자기에게 충고하는 사람들로부터 도움을 받아서 자가 점검을 할 수 있도록 최선을 다해야 합니다. 그들에게 다음에 제시한 매너, 사고방식, 성격 등 다양한 요소와 관련하여 당신에 대해 어떻게 생각하는지 알려주도록 요청하고, 자기 자신을 알아가길 원해서 진실을 알고 싶다는 것을 확실히 밝혀두세요.

자신의 한계와 단점을 숨긴다면, 능력과 기회를 소홀히 하는 것만큼이나 자신의 성공을 방해할지도 모릅니다.

제공되는 모든 정보와 지원은 자유롭게 이용할 수 있지만, 자신의 관찰, 독서, 경험 등으로부터 문제에 관여할 수 있다면 더 확실하고 더 나은 결론의 명확성과 확고함 그리고 달성한 결과의 영구적인 가치에 도달할 것입니다.

첫 번째 단계는 자기 탐구입니다. **자기 자신을 아는 것**to know thyself이 기본 필수요건입니다. 능력 발휘, 성공, 행복은 당신이 얼마나 일에 잘 적응하는지에 따라 매우 크게 달라집니다. 따라서 자신의 능력, 흥미, 자원 및 한계를 알아내기 위해 상담사와 주변 친구들의 도움을 받아 자기 자신을 분석해야 합니다. 그래야 자신과 다양한 산업에서의 성공 조건을 비교할 수 있습니다.

최상의 결과를 얻기 위해서는 내담자와 상담사와의 완벽한 진실과 솔직함이 필수입니다.

다른 사람이 당신을 보는 것처럼 자신을 보려고 노력하세요. 그리고 자신이 다루어야 할 본성, 자원, 환경 여건에 대해 파악하고, 합리적으로 달성하고 싶은 목적과 자신이 할 수 있는 최고의 성공을 향해 꾸준히 나아가는 방법으로 미래를 계획하세요.

종이에 답변을 작성하되 한 면만 사용해 주세요. 질문에 해당하는 각 답변에 번호를 매겨주세요.

개인정보와 자기 분석

PART I

1. 이름
2. 주소
3. 태어나고 자란 곳
4. 가족 구성원
   5. 부모의 나이
   6. 부모의 국적
   7. 형제자매의 수와 나이
   8. 아버지, 형제, 삼촌, 가까운 친척이 하는 일이나 직업
   9. 가족의 건강, 병력
   10. 가족과의 동거 여부
   11. 선조: 조부, 증조부 등의 국적과 거주지
   12. 직업과 물적 자원
   13. 체격, 건강, 유전성 질환
   14. 수명
   15. 특징: 신체, 정신, 성격의 특별한 기질
16. 나이

17. 기혼 또는 미혼, 기혼자인 경우 현재 가족
18. 키와 몸무게
19. 건강
    20. 병력
    21. 지난 5년간 병으로 허비한 시간은 어느 정도인가요?
    ※ (22~27에 해당) 가능한 가장 최근의 날짜와 함께 사실을 말해주세요.
    22. 체력: 어떤 체력검사를 받았나요?
    23. 어떤 힘든 일을 해 보았나요?
    24. 얼마만큼의 무게를 들 수 있나요?
    25. 지구력: 당신은 한 번에 얼마나 멀리 걸어 갈 수 있나요? 거리 및 소요 시간을 알려주세요.
    26. 용기: 위험에 처했을 때 또는 고통, 실망, 손해를 겪었을 때 어떻게 행동을 했나요?
    27. 자신의 체력, 지구력, 용기를 또래의 다른 사람들과 비교하고, 내가 알고 있거나 들어본 최고의 기준과 비교해 보세요.
28. 신선한 공기, 운동, 목욕, 식이요법에 관한 습관
    29. 창문을 열어 놓고 주무시나요?
    30. 매일 신선한 공기를 깊게 들이마시나요?
    31. 목욕은 얼마나 자주 하나요?
    32. 생리학과 위생에 대해 배웠나요?
33. 흡연에 관한 습관
    34. 음주에 관한 습관
    35. 약물 복용에 관한 습관

36. 기타 낭비 습관
37. 교육과 훈련
   38. 일반 교육
      39. 학교에서: 어떤 학교였나요?
         40. 학교에서 가장 좋은 성적은 어떤 과목이었으며, 이 과목에서 수상한 경험이 있나요?
         41. 학교에서 가장 나쁜 성적은 어떤 과목이었나요?
      42. 학교 밖에서
         43. 독서: 어떤 책을 어떻게 읽었으며 그 결과는 어땠나요?
         44. 좋아하는 책
         45. 좋아하는 작가
      46. 선생님의 가르침을 통해 배운 것은 무엇인가요?
      47. 운동을 통해 배운 것은 무엇인가요?
      48. 동아리 활동을 통해 배운 것은 무엇인가요?
   49. 산업 교육
      50. 어떤 과정을 언제 했었나요?
      51. 손조작 기술, 설계 작업, 공구 사용 등
   52. 기억 스케치 sketches from memory(이 질문의 작성에 대해 상담사와 의논하기)
53. 경험과 현재 상태
   54. 각각의 직위, 직무, 급여, 근속 기간
   55. 각각의 퇴직 사유
   56. 고용주에 대한 태도는 우호적이고 호의적이었는지

아니면 그렇지 않았는지?
57. 일이 끝나기만을 기다리는 편인가요?
일하는 곳의 승진 전망은 어떤가요? 당신의 상사와 관계가 좋은 편인가요? 고용주가 칭찬이나 불평을 말한 적이 있나요?
58. 임금이 노동자의 능력 발휘와 생산 가치에 크게 좌우된다는 사실을 알고 있나요?
59. 언젠가 스스로 고용주가 되고 싶으세요?
60. 일반적으로 승진은 어떤 방법으로 하는 것으로 보이나요?
61. 어떤 방법으로 승진하고 싶은가요?

62. 저축
63. 돈을 어디에 지출하나요?
왜 돈을 더 모으지 않았나요?

64. 인생에서 가장 흥미롭고 주목할 만한 것들
65. 좋아하는 것 또는 싫어하는 것: 그림, 음악, 연극, 책, 동물, 운동 등
66. 좋아하는 오락거리
67. 저녁 시간은 어떻게 보내나요?
68. 지난주 매일 저녁을 어떻게 보냈나요?

69. 강력한 또는 지배적인 동기와 흥미
70. 신문에서 가장 먼저 보는 면은 무엇인가요?
71. 만약 백만 달러가 있다면 다음 주에 무엇을 구입하거나, 무엇을 하고 싶은가요?

72. 돈보다 더 갖고 싶은 것이 있나요?
    73. 그렇다면 그것은 무엇인가요?
74. 어떤 상황에서 가장 열심히 노력했었나요?
    75. 어떤 목적으로 열심히 했었나요?
76. 만약 몇 년 전 St. Louis에서 열렸던 대형 국제 전시회나 Philadelphia에서 열린 100주년 기념행사, Chicago의 세계박람회에 간다면 멋진 경관과 건물, 아름다운 분수와 조명 효과, 모든 주요 국가의 공산품, 농산물, 유제품, 임산물 및 광산물 등의 훌륭한 생산품, 기계, 그림 및 조각, 교육 및 정부 전시품, 다양한 인종, 야생동물, 군대와 해군 전시품 중에서 무엇이 가장 흥미롭게 느껴지나요?
무엇을 가장 먼저 보고 싶나요?
주된 관심사는 무엇인가요?
두 번째(세 번째, 네 번째)로 관심이 생기는 것은 무엇인가요?
가장 관심이 없는 것은 무엇인가요?
77. 만약 원하는 곳을 여행할 수 있다면, 어떤 나라나 지역을 가장 먼저 방문하고 싶은가요?
    78. 이유는? 특별히 보고 싶은 나라나 지역에 대한 각각의 이유는 무엇인가요?
79. 포부
    80. 가능하다면 무엇을 하는 사람이 되고 싶나요?
    81. 만일 알라딘의 램프를 가지고 모든 소원을 성취할 수 있다면 6가지의 소원은 무엇인가요?

82. 당신이 성취한 중요한 일들

※ (83~84에 해당) Boston에 있는 모든 청년과 만나서 비교해 본다면 어떤 면이 더 낫고 어떤 면이 더 부족한가요?

83. 타인과 구별되는 특성, 적성, 역량, 능력 및 성취
84. 인정하는 한계와 단점
85. 당신의 독특한 능력과 한계를 다양한 직업의 성공 조건과 비교해 보세요. 특히, 자신의 포부가 지향하고 있는 직업 분야에서 성공하거나 실패한 사람들로부터 보이는 것과 비교하세요.
86. Lincoln, Franklin, Garfield, Garrison, Phillips, Roosevelt, Gladstone, Wanamaker, Edison 그리고 다른 사람들의 삶을 조사해 본 적이 있나요? 성공한 사람들은 무엇 때문에 또는 어떻게 성공하고 실패하는지 그 원인은 무엇인가요?
87. 가용자원
　　88. 재정
　　89. 측근
　　90. 친구
91. 현재 속해있는 조직은 무엇이며, 어떻게 연결되어있나요?
　　92. 조직력 입증: 어떤 단체를 설립하는 데 중요한 역할을 했나요?
　　93. 무엇을 했는지와 결과가 어땠는지 간략하게 설명해 주세요.
94. 환경
　　95. 어느 지역에서 살았나요?

96. 각각의 상세한 주소
97. 가능하다면, 각각 살았던 지명, 시기, 나이
98. 각 거주했던 곳의 이웃에 대해 설명해 주세요.
    99. 주변 경관(나무, 풀, 꽃, 물 등)은 어떠했나요?
    100. 주위에서 함께 살았던 사람들은 어떤 계층이었나요?
    101. 그들은 어떤 일을 했나요?
    102. 그들의 즐거움은 무엇이었나요?
    103. 그들은 어떤 삶을 살았나요?
    104. 그들과 자유롭게 어울렸나요?
        105. 그들의 일원으로 어울렸나요?
        106. 그렇지 않다면, 그들과 어떤 관계였고 그들에 대한 당신의 태도는 어떠했나요?
107. 당신이 선택한 거주지가 있나요?
    108. 그곳을 선택한 이유는 각각 무엇인가요?
109. 다른 거주지는 누가 선택했나요?
    110. 왜 다른 사람이 선택했나요?
111. 지금 어떤 사람들과 함께 살고 싶은가요?
    112. 왜 그런가요?
113. 주변 환경이 당신의 이상과 포부, 사고와 행동 습관, 고용 기회와 적응력에 어떤 영향을 미쳤다고 생각하나요?

※ (114~116에 해당) 이렇게 답변한 이유를 함께 말씀해 주세요.

114. 좁은 지역에서 고용 기회와 성공 가능성이 있을까요? 아니면 넓은 지역에서 있을까요?

115. 서부일까요? 남부일까요?

116. 유럽, 아프리카, 뉴질랜드, 호주에서일까요?

PART II

상담사가 이와 같은 내용을 작성하는데 올바르게 마무리할 수 있도록 도와줄 것입니다. 하지만 먼저 자기 탐색과 함께 당신에 대해 정말로 어떻게 생각하는지를 말해 줄 가족, 친구, 선생님, 고용주, 충고하는 사람들 등의 도움을 받는 방법으로 가능한 한 최선의 결론을 내려야 합니다. 그들이 말하는 것이 전적으로 옳은 것은 아닐 수도 있고, 오해를 할 수도 있고, 여러분에게 유리하거나 불리한 편견을 가질 수도 있지만, 그들의 답변은 여러분에게 진실이 무엇인지 결정할 때 고려해야 할 귀중한 근거가 됩니다.

외모, 매너, 대화 등

체형: 날씬한, 보통의, 떡 벌어진, 통통한, 각진, 곧은 또는 비뚤어진, 구부러진, 어깨가 둥근, 가슴이 함몰된, 다리가 휜 또는 기타 결함이 있는

얼굴: 피부색, 얼굴형, 특징, 대칭, 표현력

머리: 색, 머리숱, 두상과 체형과의 조화

의상: 색상, 핏, 스타일, 착용 감각

옷차림에 신경을 많이 쓰나요?

옷을 입는 데 시간이 얼마나 걸리나요?

옷, 모자, 신발, 넥타이, 속옷 등 모든 의류를 포함하여

한 해에 얼마 정도를 구입하나요?

색상, 스타일, 핏 등에 대해 전문가의 조언을 듣나요?

청결:

옷깃과 소맷동을 깨끗하게 유지하나요?

옷차림과 용모가 깨끗하고 단정하도록 조심하나요? 아니면 손톱에 때가 낀 채로 있거나 속옷을 잘 갈아입지 않나요?

자세: 앉는 자세와 서 있는 자세

자세가 세련되고, 우아하고, 활기차거나 아니면 그 반대인가요?

똑바로 서 있나요? 아니면 구부정하게 서 있나요?

의자에 똑바로 앉거나, 가슴을 내밀고 앉거나, 아무렇게나 축 늘어져서 앉아 있나요?

턱을 앞으로 내미나요? 또는 고개를 한쪽으로 갸우뚱하나요?

동작: 빠르거나 느리거나, 우아하거나 그렇지 않거나, 과하거나 그렇지 않거나

미소: 자주, 드물게 또는 없는, 간간이 또는 계속, 자연스러운 또는 억지로, 친근한 또는 거만한, 다정한 또는 노골적인, 교활한, 매정한, 매력적인 또는 혐오스러운

마음속에서 우러나오는 자연스럽고 편안한 미소를 짓나요? 아니면 얼굴이 평상시에 무표정하거나 눈살을 찌푸리거나, 으스대거나, 비웃거나, 어떤 식으로든 매력이 없거나, 거부감을 주나요?

성가시거나 지루할 정도로 시끄럽거나, 자주 웃는 것이 아닌 자연스럽고 친근하고 다정한 미소와 즐거운 웃음의 경제적 사회적 가치를 알고 있나요?

삶을 더 풍요롭게 만드는 매력적인 품위 중의 하나로 미소를 짓고 있나요?

명랑한 분위기와 친절한 느낌을 미소에서 자연스럽게 표현하는 것을 기르기 위해서 인위적이 아닌 마음속으로부터 미소와 웃음을 지으려고 적절한 방법으로 노력하나요?

※ 위의 내용과 관련해서 거울을 보고 자신을 자세히 보세요. 사적으로 공적으로 당신을 지켜보고 있는 친구에게 당신의 외모, 매너, 목소리 등에 대해 어떻게 생각하는지 터놓고 말해달라고 하세요. 만약 친구들도 이런 것을 원한다면 당신도 그렇게 해줄 수도 있습니다. 당신이 존경하는 사람과 싫어하는 사람을 세세한 부분까지 당신과 비교하고 존경하는 사람의 탁월함을 배우고 싫어하는 사람의 결점을 피할 방법에 관해 탐구해보세요.

가족과 친구들에게 당신의 결점을 알아차릴 수 있게 도와달라고 하고 자신이 설정한 기준에 도달하지 못할 때마다 알려달라고 하세요.

악수: 따뜻하고 온정이 있는지 아니면 축축한지, 힘이 없는지, 악력이 보통이거나 약한지, 악의적으로 단단히 쥐는지, 급하게 하는지, 적당히 하는지, 길게 하는지, 차분하게 하는지, 한두 번만 움직이는지, 과장되게 흔드는지, 정도의 차이는 있지만 많이 하는지 크게 하는지?

혈기 왕성하게, 막대기처럼 딱딱하게, 고드름처럼 차갑게 또는 다정한 친구처럼 악수하나요?

불편할 정도로 강하지 않고 무관심해 보일 정도로 약하지도 않은, 따뜻하고 진심을 담은 악수를 하려고 노력했나요?

예의범절: 지키는, 조용한, 시끄러운, 떠들썩한, 공손한, 아니면 자기주장이 강한, 정중하게 듣는, 아니면 말을 가로막거나 반박하는

식사 예절을 지키나요? 안 지키나요?

다른 사람들이 편안할 수 있도록 배려하나요?

언행이 솔직하고, 친절하고, 다정하고, 공손하고, 정중한가요?

사랑하는 사람들에게 목소리와 행동으로 친근함을 표현하나요?

아니면 무관심과 혐오가 느껴지도록 표현하나요?

사람들의 눈을 솔직하게 쳐다보나요? 아니면 그들의 시선을 피하나요? 그렇다면 왜 그런지 자문해 보세요.

다른 사람을 방해할 수도 있는 휘파람을 불거나 흥얼거리거나 손이나 발로 작은 소리를 낸 적이 있나요?

다른 사람에게 불쾌감을 줄 수 있는 크고 작은 습관이 있나요?

목소리: 억양

목소리가 작거나 크거나, 맑거나, 부드럽거나, 리듬감이 있거나, 활기찬가요? 아니면 거칠거나, 거슬리거나, 무덤덤하거나, 흐리멍덩하거나, 허스키하거나, 콧소리가 나거나, 나른하거나, 우울하거나, 힘 빠지게 하나요?

억양의 변화, 강조, 어조에 대해 주의해서 사용하나요?

한 가지 톤 또는 여러 가지 톤으로 이야기 하나요? 아니

면 다른 사람이 하는 말에서 나를 즐겁게 하는 말투와 그때 사용했던 말의 형식과 분위기를 반영해서 강조하는 것을 잘 보고 가장 좋은 예시를 자신의 적절한 대화 상황에 사용하나요?

어조는 자연스럽고, 쾌활하고, 공손하고, 정중하고, 겸손하고, 리듬감이 있거나 아니면 공격적이고, 자기주장이 강하고, 자만하고, 꾸미고, 리듬감이 없고, 비관적이고, 혐오스러운가요?

목소리가 좋아지도록 단련해 본 경험이 있나요?

명료하고 정확하게 발음하는 것에 신경을 쓰나요?

대화:

새로운 사람과 쉽게 대화할 수 있나요?

새로운 사람과 함께 있어도 편안한가요?

상대방이 무엇을 이야기하고 싶은지 알아내어 그것과 알맞은 대화를 하나요? 아니면 상대방이 당신의 관심사에 대해 들어주기를 기대하나요?

자기 자신, 나의 일, 나의 생각, 나의 걱정거리, 다른 업적에 대해, 또는 사회적인 문제, 날씨, 농작물, 그리고 최근의 스캔들, 살인사건 재판 등과 같이 다양한 것을 대해 이야기하나요?

잘 듣고, 공감하고, 친구의 생각을 이해하려고 진심으로 노력하나요? 아니면 단순히 상대방의 말이 끝나면 내가 무슨 말을 할지 생각하면서 상대방이 말할 때 참으며 기다려 주나요?

주로 말을 하는 편인가요? 아니면 주로 동료들이 말을 하고 그들의 말을 듣는 편인가요? 누군가 나와 다른 의견을 낼 때 미소를 지으며 자신의 견해에 대한 사실과 이유를 조용히 말 하나요? 또는 그들이 하는 말이 강압적이라면 다시 생각해 보겠다고 말 하나요? 아니면 나의 의견에 동의하지 않는 그들의 어리석음에 짜증을 내고, 나의 결론을 주장하며 그들의 결론에 대해 열을 내며 부인하고 그들의 어리석음을 비난하나요?

순수 예술을 대화의 소재로 생각해 보았나요? 순수 미술에 관한 대화를 준비하거나, 찾아보거나, 생각해 보고 사람을 만났을 때 즐겁고 흥미로운 것을 말하기 위해 마음 속에 깊이 간직하고 있나요? 이것은 저녁 모임에 갈 때 좋은 코트와 깨끗한 셔츠와 함께 좋은 대화거리가 될 수 있습니다.

분위기: 쾌활한, 활기찬, 명랑한, 선한 성품으로 가득 찬, 엄숙한, 생기가 없는, 무관심한, 과묵한, 침울한

사고방식과 감각: 주의력, 관찰력, 기억력, 이성, 상상력, 창의력, 사려 깊음, 수용력, 순발력 또는 어리석음, 분석력 구성력, 지식의 폭, 이해력

   천부적으로 특히 발달한 능력
   천부적으로 특히 부족한 능력
   머리 모양

시각: 정상, 원시, 근시, 색각(심각, 보통, 색맹)
청각: 정상, 결함 또는 심각

후각: 정상, 결함 또는 심각

※ (사고방식과 감각, 시각, 청각, 후각과 관련하여) 어떤 검사를 받았나요? 학교에서, 직장에서 또는 운동할 때, 동료들과 비교해서 어떤 능력이 뛰어나고 어떤 점이 부족한지 주목해 본 적이 있나요? 그렇다면 이 질문에 대한 학교에서의 내용과 직장에서의 내용으로 어떠한 것을 알려줄 수 있나요? 가족, 친구, 선생님에게 자신의 강점과 약점을 찾는 데 도움을 요청한 적이 있나요?
역량을 갖추려면 어느 정도가 돼야 하며, 훈련을 받을 만한지 아니면 부족한지를 고려해 보았나요?

지식:

자기 자신, 동기, 능력, 약점 등

인간 본성

일이나 산업

정부

법률과 소송

사물, 도시, 국가 등

언어

법률

의료

과학, 생리학, 위생학, 심리학, 사회학, 윤리학, 경제학, 물리학, 화학, 금속공학, 기계학, 농업, 원예학, 임업, 곤충학, 식물학, 동물학, 생물학, 지질학, 천문학, 수학, 연산, 대수학, 기하학, 분석 기하학, 도형 기하학, 미적분학, 측량, 공학, 건축학

역사와 역사적 위인

문학, 소설, 철학, 수필, 희곡, 자연 등

※ 지식을 얻기 위해 취한 방법을 작성해주세요.
　가장 친숙한 도서 분야에 표시하고 표시한 각 분야에서 읽은 최고의 책을 적어 주세요.
　학교에서 수업시간에 공부했다면 'S'로 표시하고, 대학에서 전공을 했으면 'C'로 표시하고, 스스로 찾아서 책을 읽었으면 'R'로 표시를 하고, 책의 저자와 책 제목을 적어 주세요.

기술: 지식을 행동으로 옮기고, 생각을 몸으로 보여주는 능력에는 어떠한 것이 있나요?

손기술: 손기술을 배우는 교육을 받았다면 그것은 무엇인가요?

　스케치를 하거나 그림을 그리거나 아니면 조각을 하나요?

　연주할 수 있는 악기가 있나요? 어떤 악기인가요?

대중 연설:

　대중 앞에서 낭독하거나 연설을 할 수 있나요? 있다면 무슨 내용이었나요?

　다른 사람을 연기하거나 흉내 낼 수 있나요? 있다면 어떤 것이었나요?

노래:

　노래를 하나요? 어느 파트를 하나요?

　노래와 관련해서 알고 있는 것을 알려줄 수 있나요? 가르칠 수 있나요?

성격:

　성격보다 더 중요한 것은 없습니다. 건강, 능력, 성격은 성공하기 위한 최상의 주요 요인입니다. 건강한 신체와 함께하는 좋은 성격이라면 거의 모든 것을 이룰 수 있습니다.

자신의 특성에서 어떠한 특성을 개발하거나 억제하거나 없애야 하는지를 결정할 때, 아주 유용하게 사용할 수 있는 몇 가지 대략적인 검사가 있습니다. 자신에게 다음 질문을 하고 양심과 통찰력에 따라 답변하세요.

(1) 나의 행동, 말, 생각, 동기와 같은 나에 대한 정확한 진실을 세상이 알 수 있도록 Victor Hugo, Walter Scott, Thackeray, Howells 또는 '셜록 홈즈 Sherlock Holmes'의 작가와 같이 유명한 작가가 나를 있는 그대로 묘사하기를 원하나요?

(2) 이 사진에서 어떤 것을 바꾸기를 원하나요?

(3) 원래의 나로부터 내가 바꿀 수 있는 것이 없거나 많은가요?

(4) 나는 내 여동생이 사귀고 친해지고 결혼했으면 하는 그런 남자인가요? 그렇지 않다면, 여동생과 어머니와 다른 좋은 사람들과 어울리기에 적당한 사람인가요?

(5) 나는 세상의 모든 것을 다 이해할 수 있는 사람인가요? 그렇지 않다면, 자신을 스스로 인정하기 위해서 이기도 하고, 기꺼이 키우고 몇 배로 성장시키며 세상에서 자신만의 영역을 갖는 성인의 모습을 갖추기 위해 스스로 개선해야 할 것은 무엇인가요?

자신의 성격을 더 세밀하게 검사하기 위해 다음 고딕으로 된 성격 목록에서 자신과 상당히 적합해 보이는 각 단어에 표시합니다.

'고심하는'과 '신중하지 못한'이라는 성격의 중간 정도에 있다고 스스로 판단된다면, 두 단어 사이에 표시하세요. 다음의 주의사항(※)을 꼭 읽고 제안에 따라 최선을 다해주세요.

※ 자신의 성격에 대해 자신의 평가에 너무 무게를 두지 말고 마치 다른 사람의 행동과 말과 동기인 것처럼 자신의 행동과 말과 동기를 보고 올바른 단어 선택을 하기 위해 최선을 다해주기를 바랍니다.
나에게 적용되는 것 같은 단어에 표시한 후, 당신을 잘 아는 친구에게 보여주고 당신이 표시한 것에 동의하는지 확인하세요.
아니면, 가장 친한 친구에게 당신의 특성으로 예측되는 것에 표시하게 한 뒤 그것과 비교해 보세요.
친구 두세 명이 동시에 따로 표시하고, 그다음 당신이 표시한 것과의 차이를 보면서 그 이유를 솔직하게 논의한다면 자신의 장점과 단점이 더 많이 밝혀질 것입니다.
간략하게 정리하는 방법은 좋은 특성을 왼쪽 열에 쓰고 그 옆에 나란히 오른쪽 열에 바람직하지 않은 특성을 작성하는 것입니다. 그런 다음 그 특성이 있다면 체크 표시를 하고 만약 그 특성이 매우 강하다면 두 개 이상의 체크 표시를 합니다.
친구들의 도움을 받아 수시로 당신의 판단을 수정하고 진행 상황을 적습니다.
가능한 한 빨리 제거하는 것이 가장 중요해 보이는 단점의 목록을 만들고, 그 목록을 주머니에 넣고 다니며, 매일 그것을 훑어보고, 바람직하지 않은 특성을 없애고 반대 습관을 형성하기 위해 당신이 무엇을 했는지에 주목합니다.
이렇게 하는 것에 끊임없는 관심과 노력을 기울이면 새로운 습관이 쉽게 형성될 것입니다.
예를 들어, 거짓, 부주의, 부끄럼 또는 사려 깊지 못함, 공손한 미소의 부족함으로 힘든 시간을 보내고 있다면, 고백을 할 만한 친구를 지목해서 그에게 성공담과 실패담을 말해주세요. 이러한 당신의 치열한 노력 속에서 성공은 점점 더 많아지고 실패는 더 줄어들며 굳건한 끈기로 실패는 사라지고 성공기록만 남게 될 것입니다.

그렇게 하고 나면 새로운 결점에 집중할 준비가 된 것이고 당신이 모든 약점을 정리할 때까지 계속합니다.

원한다면 시간이 지남에 따라 재발할 때마다 벌칙을 부과할 수 있습니다. 인간의 본성은 환경에 따라 변화할 수 있으며, 우리의 의지와 노력에 따라 좋게 또는 나쁘게, 아름답게 또는 추하게, 존경할만하게 또는 혐오스럽게 만들 수 있습니다.

정직한	부정직한
진실한	거짓인
솔직한	속이는
신속한	늦장부리는
신뢰할 수 있는	신뢰할 수 없는
믿을 만한	믿을 수 없는

표시한 단어에 대해서, 만약 다른 사람이 부정직하거나 거짓이라는 증거로 여겨지는 행동을 내가 하고 있는지, 그리고 당신이 고용주라면 당신의 돈, 재산, 사업으로 그렇게 행동하고 말하는 사람을 믿을지에 대해서도 자문해 보세요. 당신이 그런 사람이라는 결론을 뒷받침하는 사실, 특히 신뢰를 받고 있거나 과거에 신뢰를 받았거나 혹은 믿을만하다는 것을 입증하는 사실을 작성하세요.

정당한	부당한
공정한	불공정한
명예로운	불명예스러운
고상한	저급한

당신이 생각하기에 야비한 동기나 이기적인 이득에 지배당해 부당한 이득을 취하거나 돈 때문에 비열해지거나 망신스럽게 행동하거나 정의와 권리에 반하는 것으로 간주할 수 있는 다른 사람들이 했던 방식으로 행동하나요?

양심적인	양심적이지 않은
결과에 상관없이 옳은 행동을 하는	돈, 지위, 기타 이득을 위해 도덕성이 의심스러운 행동과 말을 기꺼이 하는

구체적인 사실을 떠올려 보세요.
언제 정의를 위해 이득을 희생했나요?
언제 이득을 위해 정의를 희생했나요?

주의하는	부주의한
고심하는	신중하지 못한
철두철미한	대충하는
능력을 발휘하는	능력을 발휘하지 못하는

당신이 할 수 있는 최선을 다하나요?
한 가지 또는 몇 가지 일에만 집중하는 경향이 있나요?
넓은 분야에 관심과 노력을 확산시키는 경향이 있나요?
처리할 일들이 너무 많아 과부하가 걸리나요?

근면한	게으른

열심히 일하는	대충 일하는
지속적인	변화가 많은
안정적인	간헐적인
기민한	둔하거나 멍한
배려하는	무신경한
예민한	무감각한
빠른	느린
능동적인	수동적인
힘이 넘치는	맥없이 일하는
진지한	무심한
열정적인	열의나 열정이 없는
하고 있는 일에 깊은 관심이 있는	일에 관한 관심은 없고 오직 생계를 위해 일하는

만약 당신이 이러한 특징 중 몇 개를 가지고 있다면, 단어열의 오른쪽에 특징을 나타내는 이유와 그러한 결론에 근거가 되는 사실을 작성하세요.

독립적인	소심한, 내성적인
자신감 있는	자신을 의심하는
기꺼이 주도하는	따르는 경향이 있는
질서정연한	무질서하거나 엉망진창인
조직적인, 체계적인	방법을 무시하는, 비체계적인

| 잘 설계된 규칙대로 계획하고 작업하는 것이 몸에 밴 | 확실한 계획이 아닌 추측이나 습관대로 일하는 |

집을 지을 때처럼 신중하게 일을 계획합니까? 당신이 하는 모든 일에서 체계적이고 과학적인 방법을 사용합니까?

| 진보적인 진취성과 추진력이 강한 | 보수적인 진취성이 없는(기존 방식으로 진행해도 만족스러운) |

계속해서 새롭고 더 나은 방법을 찾고, 자신과 자신의 일을 개선하려고 노력하고 있나요?

| 개방적인 관용적인 나와는 다른 사람들의 말을 듣고 그러한 사실과 이유의 강점을 보려고 노력하는 | 편견이 심한 너그럽지 못한 독단적인, 당신이 옳다고 확신하는, 조롱, 멸시 또는 무관심으로 다른 사람의 생각을 대하거나 마음을 닫는 |

나와 다른 종교적, 정치적, 경제적 신념을 가진 사람들에 대해 어떻게 생각하나요? 그들의 생각을 잘 받아들이고 내가 몰랐던 어떤 사실을 깨닫지 못한다면 그 사실을 보려고 노력하나요? 아니면 그들의 말을 듣기도 전에 그들이 틀렸다고 확신하나요? 그들의 실수를 내버려 두거나 납득시키려는 목적으로만 대화하거나 혹은 그들의 생각에 관심을 보이거나

반기지 않고 단지 예의를 갖추기 위해서만 대화하나요?

합리적인	비합리적인
제안과 비판에 개방적인	아집이 센, 고집 센
분별력 있는	미련한
실용적인	실용적이지 않은
모든 것을 진실로 보는	공상적인, 몽환적인, 공중에 떠 있는
균형잡힌, '상식'과 '생활의 지혜'를 가진	불균형한, 상식이 부족한, 실수가 잦은, 의도한 대로 일이 풀리지 않는
능수 능란한	어설픈
상황판단이 빠른	어리숙한
선견지명이 있는, 생각이 깊은	예지력이 있거나 약삭빠른 것이 부족한

얼마나 자주 남들에게 휘둘렸는지, 얼마나 자주 자기 생각대로 일이 잘 진행되었는지, 얼마나 자주 계획대로 일이 되지 않았는지 생각해 보세요. 미래에 대한 통제는 앞을 내다보는 능력에 달려 있습니다.

| 친절한 | 잔인한, 가혹한, 무관심한 |
| 동정심이 있는 | 동정심이 없는 |

동물, 어린이, 자연을 사랑하나요?
어떤 애완동물을 키워봤나요? 당신이 원하는 것을 하도록

어떻게 훈련했나요?
어떤 부류의 사람을 좋아하나요?
어떤 부류의 사람을 싫어하며, 그들에게 어떻게 대하나요?
당신에게 욕설하거나 당신에 대해 나쁘게 말하는 사람들에게 어떻게 행동하나요?
친절과 동정심을 보여줄 수 있는 어떤 일을 했는지, 그리고 왜 그렇게 했는지 자문해 보세요.

온정이 있는	차가운
친절한	무심한
애정 어린	애정이 없는
다정스러운	혐오적이거나 싫어하거나 적대적인 경향
감정표현을 잘하는	감정을 잘 드러내지 않는

호의와 애정을 보여주나요? 아니면 먼 미래에, 혹은 다른 행성에서, 친척이나 친구들의 장례식이 끝난 후에 표현하기 위해 그것들을 병에 담아두고만 있나요?

공손한	무례한
예의 바른	예의 없는
타인을 배려하는	상스러운

아니면 예의 바르지도 무례하지도 않고, 타인에 대한 태도가 부정적인가요?

재치:
사람들을 잘 다룰 수 있나요? 증거를 말씀해 주세요.
사람들을 설득하여 당신이 원하는 대로 하게 할 수 있나요? 아니면 제안한 것을 그들 생각으로 받아들여 실행에 옮기도록 이끌 수 있나요?
사람들과 함께 있을 때 그들을 편안하고 즐겁게 느끼도록 하나요?
사람들은 당신과 친목을 도모하고 함께 있기를 간절히 바라는 것 같나요? 만약 그렇지 않다면 이유가 무엇이라고 생각하세요?

취향:
그림을 보면 좋은 그림이라는 것을 알 수 있나요?
그림을 좋아하나요? 음악을 좋아하나요? 어떤 종류를 좋아하나요?
좋아하는 그림과 음악의 제목을 말해 줄 수 있나요?
우아하게 차려입은 사람과 천박하게 차려입은 사람을 구별할 수 있나요?
여성의 올림머리가 멋지게 되었는지 아닌지 알 수 있나요?
당신의 언행이 좋은지 끊임없이 자신에게 물어보나요?

성질:
당신은 쉽게 화를 내나요?
갑자기 화를 낼 때는 무엇 때문인가요?
지난 1년 동안 몇 번이나 화를 냈나요?

원인은 무엇이었나요?

화가 날 때 어떻게 하나요?

살면서 어떤 싸움이나 다툼을 했으며, 그 이유는 무엇인가요?

타고난 기질과 형성된 성격:

이기적인	이기적이지 않은
사교적인	비사교적인
수다스러운	과묵한
세련되게 말하는	험담하는
침착한, 자신감 있는	민감한, 쉽게 당황할 수 있는
겸손함	허영심, 이기심, 자만심
대담한	수줍음을 타는
용기 있는	소심한, 위축된, 비겁한
후한	탐욕스러운
손이 큰	구두쇠 같은
자애로운	인색한
성격이 착한, 쾌활한	성질이 고약한, 마음이 틀어진, 짜증을 잘 내는
유쾌한, 즐거운, 밝은, 마음이 편안한	우울한, 뚱한, 조바심 내는, 흠잡는, 빈정대는, 격렬한
침착한, 고요한	긴장하는, 흥분을 잘하는
균형을 잘 잡는	폭발하기 쉬운

숙고하는(협의와 반영을 한 후에 냉정한 판단에 따라 행동하는)	성급한, 충동적인
낙관적인	비관적인
자신감에 차 있는	침울한, 불길함을 예감하는
희망찬	실망하는, 낙담하는
만족해하는	불평하는, 부러워하는
밝은 면을 보는 경향이 있는	어두운 면을 보는 경향이 있는
포괄적인 인간애를 가진	편협하고 배타적인
조용한	시끄러운
온화한	엄격한
경건한	불경한
민주적인	독재적인, 속물적인, 압제적인
협력적인	투쟁적인, 공격적인
우정에 있어 건강하고 변함없는	신뢰할 수 없는, 변덕이 심한, 기만적인
솔직하고, 자연스러운, 친절한	비밀스러운, 교활한, 야비한
용서하는, 신용하는	질투하는, 의심하는

의지: 의지가 약하고, 양보하고, 우유부단하고, 또는 단호하고, 강하며, 고집이 세고, 완고한가요?

판단력:

당신은 성급하고 충동적인가요?

아니면, 미래의 이익을 위해 현재에 하려는 것과 반대로 행동할 수 있을 만큼 스스로를 통제하고 자제하나요? 선견지명, 판단력, 의지력이 결합해 강한 성격의 가장 필수적이고 중요한 요소 중 하나를 형성한다. 미래를 위해 현재를 포기하고, 상위의 본성을 위해 하위의 본성을 경시하고, 더 큰 미래의 즐거움을 위해 현재의 쾌락을 포기하는 습관을 들이는 것은 정신적인 수준이 높은 성인남녀를 구별하는 특징 중 하나입니다.

음식, 술, 운동, 유흥에 대해 절제할 수 있나요?

말, 행동, 생각의 도덕성:

자신의 양심을 져버리고 진실을 말할 수 없는 부도덕한 사람은 여기에서는 어떤 대답도 할 수 없습니다. 하지만 가장 저급한 본성에 희생당하며 자신이 인생에 오점을 남기고 살아가는 부도덕한 사람이기만 한 것을 잊어버리고 있는 자기 자신을 결코 이해하려 하지 않을 것입니다. 그리고 여동생이 하지 않았으면 하는 생각이나 행동 방식을 그 자신이 하고 있다면, 그는 여동생을 똑바로 볼 자격도 없고, 다른 좋은 여성과 어울리기에 적합하지 않으므로 두 가지의 잣대가 있을 수는 없습니다.

유머:

유머를 좋아하나요?

어떤 재미있는 책을 읽어보셨나요?

당신에 대한 농담도 잘 받아 주나요?

농담할 수 있나요?
재미있는 사건이나 이야기를 기억해 두었다가 그것을 친구들에게 말해주나요?

사교성:
사람들과 함께 있는 것을 좋아하나요?
다른 사람들도 당신과 함께 있는 것을 좋아하나요?

공공정신, 애국심, 사회에 관한 관심:
당신은 시민인가요?
그렇지 않다면, 시민의 일원이 되기 위한 적절한 조치를 취했나요?
예비선거 혹은 본 선거에서 항상 투표 했나요?
어떤 후보에게 투표해야 할지 알아보기 위해 어떤 방법을 사용했나요?
당신은 한 개 이상의 신문을 읽나요?
당신이 지지하는 정당이나 정치적인 생각에 반대하는 어떤 신문이라도 읽나요?
특별히 관심 있는 공공의 문제는 무엇인가요?
공적인 사안에 대한 관심을 보여준 당신의 행동은 무엇이 있나요?

기질:
침착한, 자신감이 있는, 화가 잔뜩 난, 감정적인

균형감:
신체적, 정신적, 정서적 삶의 균형 또는 상대적 비율의 정도

평판:
삶과 세계에 대한 이상과 이론
친구:
얼마나 많은 친한 친구가 있나요?
가장 친한 친구는 누구인가요?
더 많은 교우관계를 쌓을 계획이 있나요?
 어떤 부류의 사람과?
 어떤 방법을 사용해서?
 어떤 목적으로?
개성: 전반적으로 매력적이거나 아니거나
당신을 가장 매료시키는 남녀의 어떤 점에 끌리는지 관찰한 적이 있나요? 그들과 동일한 특성을 얼마만큼 가졌는지, 그리고 매력적이지 않거나 혐오스러운 특성에 의해 얼마만큼 상쇄되거나 효과가 없는지를 조사해보았나요?

5. 조사 방법 요약

직업상담사가 할 수 있는 조사 방법을 간략히 정리하면 다음과 같다.

1 개인정보
내담자가 가지고 있는 직업적인 문제와 관련된 특별한 모든 사실을 담고 있는 중요한 문서

2 자기분석
생애의 일을 선택하는 데 영향을 미칠 모든 성향과 흥미를 개발하는 상담사의 지도에 따라 비공개로 이루어지는 자기성찰 기록지

3 자기 선택과 결정
대부분 사례에서 1(개인정보)과 2(자기분석)의 작업을 완료하기 전에 선택과 결정에 대한 정도가 뚜렷하게 나타날 것이다. 직업의 선택은 다른 사람이 아니라 각자가 스스로 해야 한다는 것을 명심해야 한다. 상담사는 내담자 스스로 최종 선택을 할 수 있도록 안내하고 수정하고 조언하고 지원만 할 수 있다.

4 상담사의 분석

■1(개인정보)과 ■2(자기분석)에 따라 얻은 정보에 기초하여, 상담사는 가능한 한 다음과 같은 내용으로 분석한 결과에 따라 ■3(자기 선택과 결정)을 검사해야만 하고 아래의 중요한 질문에서 의미 있는 내용을 찾아야 한다.

1. 기질과 재능
2. 외모와 성격
3. 교육과 경험
4. 강한 흥미

■5 직업 세계에 대한 전망

직업상담사가 되려고 하는 사람은 산업 지식과 관련해서 높은 수준에 도달해야 한다. 그리고 이 책의 PART III에서 제시하고 있는 것과 같이 현재에 쉽게 얻을 수 없는 다음과 같은 몇 가지의 지식이 필요할 것이다. 즉시 수행할 조사는 다음과 같다.

1. 산업 및 직종의 목록 및 분류
2. 다양한 직업에서의 성공 요건
3. 산업에 대한 일반적인 정보, 최신 정보, 책보다는 최신 잡지나 신문에서 볼 수 있는 정보
4. 현재 실행되고 있는 견습 제도
5. 내가 사는 지역에서 참여할 수 있는 직업학교와 과정
6. 직업소개소와 기회

6 방향 제시와 조언

이것은 명확한 사고, 논리적인 추론, 신중함, 모든 근거에 대해 신중한 검토, 내담자의 모든 문제에 대해 가지는 넓은 마음가짐, 재치, 공감, 지혜를 요구한다.

7 선택한 일에 적응하는 것에 대해 일반적으로 유용한 것

PART II

산업 분석

THE
INDUSTRIAL
INVESTIGATION

6. 다양한 산업에서의 능력 발휘와 성공의 조건

능력 발휘와 직업적 성공과 연관된
기본 요건 및 그에 적합한 적성, 능력, 흥미, 포부, 성격 특성

1 모든 산업에 광범위하게 적용되는 기본 요건

건강	철저함	기민함	신뢰성
흥미	열정	체계성	선경지명
인내심	끈기	상식	의지
에너지	정직함	기억력	판단력

분석적인 기법은 지적 활동, 실행 기능, 관리적 측면에서 특별히 중요한 요소이다.

합리적인 수준의 협력은 거의 모든 영역에서 일류로 성공하는 데 필수적인 요소이고, 최상이자 완전한 성공을 위해 필요한 것은 일을 사랑하는 것이다.

매우 드문 경우이긴 하지만 Herbert Spencer[3]와 Alexander Pope[4]과 같은 사람은 신체장애와 질병에도 불구하고 비범한 천재의 힘으로 성공을 거둘 수 있었다. 그러나 이러한 경우는 매우 흔치 않다.

---

3 Herbert Spencer(1820~1903) 영국의 철학자로 「생물학의 원리」에서 '적자생존'이라는 말을 처음으로 사용한 사회진화론자이다. 평생 이유 모를 질병과 고통으로 시달렸지만 사망하기 직전까지도 집필활동을 계속하였다. (역자 첨부)

4 Alexander Pope(1688~1744) 아우구스투스 시대의 영국의 시인, 번역가, 풍자 작가로 위대한 예술인으로 추대받고 있다. 어릴 때 척추 결핵인 포트병으로 인해 꼽추가 되었고 기침과 고열로 평생 고통받았다. (역자 첨부)

일반적으로 건강은 성공에 필수적이며, 육체적인 또는 정신적인 성숙과 성공과 행복의 달성을 위한 기본 요건으로서 가장 신경을 써서 운동을 하고 안전하게 지켜야 한다. 건강에 대한 지식과 규칙을 지키는 것은 다른 어떤 것에 시간과 노력을 동등하게 투자하는 것보다 더 큰 이득을 줄 것이다.

또한 성공의 확실한 모습은 정직으로 완전무장 해야지만 얻어질 수 있다는 것도 사실이다. 사기꾼, 가짜 약과 불량식품 제조 및 공급책, 알콜중독자를 양산해내는 조직적인 밀거래에 관여하는 자, 도박꾼, 뇌물이나 다른 불법적인 이익을 통해 다른 사람들의 부를 획득하는 상업적인 약탈자, 노략질을 위해 정권을 타락시키는 정치적 약탈자들과 같은 사람들은 단지 돈을 소유하는 것과 같이 그럴싸하게 보이는 허구의 성공을 한 것처럼 보이지만, 정직하지 못한 범위를 넘어선 것이기 때문에 진정한 그리고 지속적인 성공을 획득할 수 없다. 두려움은 끊임없이 그들을 따라다닌다. 죄의식, 사회의 비난과 벌을 받을 가능성은 그들의 삶을 해친다. 그들에겐 사회적 안녕과 조화를 이루는 능력 발휘의 삶이 가져다주는 자유롭고 풍족하고 충만한 행복이 함께 할 수 없다. 허가를 받은 술집이지만 부분적으로 또는 전반적으로 법의 테두리 안에서 약탈행위가 일어난다면 공동체의 도덕성이 얼마나 빨리 이를 불법과 배척의 대상으로 삼게 될지 알 수 없다. 사기와 부정의 위험하고 불안정한 기반 위에 남겨진 것은 진정한 성공도 아니고 성공에 대한 가치를 가지고 있지도 않은 것이다. 백만장자인 John D. Rockefeller 일지라도 올바른 생각을 가진 사람들 모두의 당연한 비난과 법 위반에 대해 결국 법의 심판을 받을 수밖에 없는 끊임없는 법의 추격에 대한 자각을 지금에서야 할 수 있다. 실제로 구속되지는 않았지만, 인생의 마지막을 수치심과 불명예 속에서 보내는 것보다 정직성과 동료들의 존경을 받는 더 행복한 사람이 되기를 기대할 것이다. 모래 위에 궁전을 세우는 것보다 단단한 바위 위에 작은 집을 짓는 것이 낫다.[5]

2 특수 직종 또는 산업군에 적용될 수 있는 특수한 조건은 일반적이거나 반드시 필요한 것은 아니며, 그렇다고 특별한 경우에만 적용 가능한 방법을 말하는 것도 아니다. 이러한 특수한 조건 중 어떤 것은 양적으로 또는 질적으로, 하나 또는 그 이상의 핵심적인 요구사항을 제시하는 것이 그 분야에서 완벽한 성공이 된다는 사실을 보여준다.

(1) 농업, 원예, 화훼 등
토양, 작물, 재배 과정 등의 지식, 경험으로 가장 잘 얻게 된 것,
좋은 농업 학교에서 대상의 원리에 관한 과학적 연구와 연계 등
시장에 대한 지식과 그에 대한 적응

---

[5] (마태복음 7장 24~27절) "그러므로 지금 내가 한 말을 듣고 그대로 실행하는 사람은 반석 위에 집을 짓는 슬기로운 사람과 같다. 비가 내려 큰물이 밀려오고 또 바람이 불어 들이쳐도 그 집은 반석 위에 세워졌기 때문에 무너지지 않는다. 그러나 지금 내가 한 말을 듣고도 실행하지 않는 사람은 모래 위에 집을 짓는 어리석은 사람과 같다. 비가 내려 큰물이 밀려오고 또 바람이 불어 들이치면 그 집은 여지없이 무너지고 말 것이다." (역자 첨부)

좋은 토지를 소유

상당한 수준의 비즈니스 능력

(2) 목축업, 낙농업 및 기타 축산업

길러야 할 동물들의 생활 습성에 대한 지식

동물들에 대한 동정심과 애정

시장에 대한 지식과 그에 대한 적응

자본금, 관리 또는 임대

상당한 수준의 사업 능력

(3) 채광, 채석 등

탐광:

건장한 신체

지질학, 금속공학, 화학에 대한 지식

운영:

기계 및 공정(또는 장비 임대 수단)에 대한 과학적 지식

시장에 대한 지식

사업 능력

(4) 기계 교역, 제조 및 건설, 운송 등

① 숙련공:

손과 눈의 기술

조심성, 정확성, 신속성, 충성심, 충실한 업무지시 이행
　　※ 교역에 대한 지식
　　　무언가를 그리고 그린 것으로 작업하는 능력
　　고용주의 관심사를 나의 관심사로 여기는 것
　　지금 하는 일이 자신의 사업인 것처럼 일하거나, 자신의 인생을 일에 투신하고 생계, 승진, 발전을 위해 일에 의존하는 한 이것이 나의 일이라는 매우 중요한 의미로 인식하는 것
② 공장장, 감독관 등:
　　손과 눈의 기술, 그리고 장인의 모든 필수적인 자질
　　고용주의 관심사를 나의 관심사로 여기는 것
　　집행력, 체계화
　　사람들과 잘 어울리고 사람을 최대한 활용할 수 있는 능력
　　인간 본성에 대한 지식
　　동정, 공감
　　단호하고, 친절하고, 요령 있는 훈련
③ 사장, 관리자, 부서장:
　　숙련공과 공장장의 모든 자질
　　기업의 규모와 비중에 비례하는 조직 능력
　　시장에 대한 지식과 그에 대한 적응
　　선견지명, 넓고 명료한 관점
　　재무 감각
　　자원, 창의성 또는 타인의 새로운 아이디어를 인식하고 채택할 수 있는 능력

개선과 개발을 위한 지칠 줄 모르는 계획과 노력, 시대에 뒤떨어지지 않고 경쟁자에 앞서거나 경쟁자를 따라잡기 위한 노력

위치선정, 자본, 광고, 독창성, 건설적, 인간적, 예술적 성향

※ 독창성은 이 산업 전체에 걸쳐 매우 중요하지만, 계속해서 새로운 아이디어를 인식하고 적용하는 능력이 있다면 필수적인 것은 아니다.

(5) 상업: 도매 및 소매, 구매 및 판매

① 영업사원:

상품에 대한 지식

사람을 다루는 재치와 기술

인간 본성에 대한 지식

재고 관리 및 재고 상품 위치에 대한 완벽한 지식

진정한 봉사 정신

고객이 원하는 예의, 배려 및 도움을 고객에게 전달

상냥한 매너, 따뜻한 미소 등

듣기 좋은 목소리, 목소리를 잘 조절하는 것

좋은 대화 능력

매력적인 외모, 깔끔함 등

좋은 기질, 협동심, 좋은 팀워크, 인내심, 동정심, 재미있는 유머 감각

※ 고용주 및 고객과의 관계에 있어 절대적인 신뢰성
관심, 세심함, 정확성, 신속성, 열정, 충성심

② 현장 감독관, 공장장 등:

상품에 대한 지식, 그리고 더 많은 판매원의 모든 실적

실행력

체계화

③ 상품 담당자, 구매자 및 보조 구매자 등:

상품에 대한 완벽한 지식

시장에 대한 지식

판단력, 선견지명

에너지, 추진력, 진취성, 자원, 독창성

사람을 다루는 요령

④ 사장, 관리자, 부서장:

손과 눈의 기술

세심함, 정확성, 신속성, 충성심, 업무 지시에 충실히 이행
※ 거래에 대한 지식
  끌고 끌어당겨서 일하게 하는 능력

이 일이 나의 사업인 것처럼 일하는 것

경영권, 체계화

사람들과 잘 어울리고 사람을 최대한 활용할 수 있는 능력

인간 본성에 대한 지식

동정심, 배려심

단호하고, 친절하고, 요령 있는 훈련

기업의 규모와 비중에 비례하는 조직 능력

(6) 금융, 은행, 투자 등

① 계산원, 점원 등:

절대적인 신뢰성

※ 높은 인격

특수한 업무에 관한 기술

※ 신속한, 정확한, 친절한 서비스

② 사장, 관리자 등:

사업수완에 대한 폭넓은 지식

현명한 판단, 세심함

선견지명

사업상 필요한 인맥

현명한 판단, 공정한 거래, 정직성, 신뢰성 등의 평판

적임자를 선택해 좋은 결과를 얻을 수 있는 능력

조직력 및 실행력

(7) 중개, 사무 등

① 일반직:

신뢰성, 특수업무에 관한 기술

설득력, 사람을 응대하는 요령

② 사무직:

전문적인 능력, 영어에 대한 지식, 조심성, 정확성, 상식

③ 관리자:

실행력, 조직력, 에너지, 추진력, 진취성, 요령, 협력

사업에 대한 지식

인간 본성에 대한 지식

적임자를 골라 좋은 결과를 얻을 수 있는 능력

위에서 다룬 산업 전반에 걸쳐, 실행력, 조직력, 체계화, 에너지, 추진력, 진취성, 독창성, 가용자원, 사업과 시장에 대한 지식, 인간 본성과 이에 대처하는 요령에 대한 지식, 판단력, 선견지명, 재무 감각 이 모든 것들은 고위관리직에서 최고의 성공과 능력을 발휘하는 데 매우 중요한 요소들이다.

전문직군과 사업직군에서 높은 성공을 거두는 조건을 대조해 보는 것은 매우 큰 도움이 될 것이다.

전문직 종사자는 대체로 _

1. 학문적 지식이 많이 필요하다.
2. 자신의 일과 관련해서 특별한 훈련이 필요하다.
3. 사람에 대한 이해가 필수적이다.

그러나 특별한 방법의 조직력이나 실행력이나 금전적 감각이나 재정적인 판단이 필요하지 않다.
또한 대부분은 사업가만큼 높은 수준의 협동심이나 경쟁심은 필요하지 않다.

전문직 종사자는 독립적인 개인의 힘을 가지고 있다.

사업가는 대체로 _

1. 비교적 학문적 지식은 상대적으로 덜 필요하다.
2. 현재 상황, 상품, 시장, 프로세스 등을 반드시 알아야 한다.
3. 사람에 대한 이해가 필수적이다.

또한 조직력과 집행력 그리고 금전적 감각이나 재정적인 판단이 필요하다.
그리고 공격적인 경쟁에 필수적인 추진력뿐만 아니라 협력적인 관계를 맺어 가는 것도 필요하다.

사업가는 많은 사람과 함께 규모가 큰일을 구상해야만 한다.

(8) 전문직
　① 강의:
　　일에 대한 사랑, 열정, 청년에 관한 관심과 애정, 존경받는 인품, 가르쳐야 할 주제에 대한 지식 즉, 인간 본성에 대한 지식과 방법에 대한 지식
　　건강, 지구력, 인내심, 상식, 판단력, 재치, 선량함
　　기억력, 상상력, 독창성, 유머
　② 설교 및 종교직:
　　높은 이상과 행동 기준에 대한 헌신
　　더 높은 도약과 동기를 추구하기 위해 더 낮은 것을 희생할 수 있는 능력
　　존경할만한 성격
　　애정 어린 성품
　　동정심, 진중함, 원기 왕성, 활동적, 행동과 말로 자신을 표현
　　상식
　　표현력
　　인간의 본성과 삶, 인간사의 기쁨과 슬픔, 희망과 두려움에 대한 지식
　　윤리 문학, 역사, 정치, 산업, 과학에 대한 지식
　　기억력, 상상력, 유머 감각
　　매력적인 외모와 화법
　　기분 좋은 목소리, 미소, 악수 등

③ 작가:

중요한 주제나 삶의 경험에 대한 생생한 지식

표현력 즉 아이디어를 체계적이고 느낌 있는 형태로 정리하는 기술

문체, 명료성, 힘, 통일성, 독창성, 공감, 유머, 성실성, 근면성, 인간 본성에 대한 지식, 주제에 관련하여 명성, 지위, 권위 등, 그리고 지역, 교우관계 등

시대와 독자의 관심사에 맞는 적시성 또는 적합성

새로운 소식에 대한 감각

④ 언론:

머리기사 작성법과 독창성

표현력, 문체 등('작가' 참조)

상식, 훌륭한 판단, 진취성, 추진력, 자기주장, 공동체에 대한 의식, 정치, 기업, 공인, 역사 등에 대한 지식

영업 관리

⑤ 의료, 수술, 치과 진료:

인체, 증상, 질병 등의 지식에 기반한 진단 능력

관찰력과 분석력

구조적인 추론, 또는 전체 사례에 대해 유효하게 작동하는 가설이나 합리적인 결론을 내리기 위해서라도 모든 사실을 종합하는 것

치료 기술, 개별 사례에 섬세한 적합성

주의사항, 치료법에 대한 지식

기억(사실의 보유)

동정

듣기 좋은 말

매력적인 성격

좋은 성향

예리함

시력

의료장비를 다루는 능력

독창성

건강

일에 대한 사랑

의사가 될 때까지 수련하거나 살아갈 수 있는 여력

⑥ 엔지니어링:

높은 수준의 과학적, 수학적, 기계적, 분석적, 건설적 능력

수년간의 특별한 과학 교육

조직력

사람을 관리하는 능력

⑦ 건축:

건설적인 마인드, 창의력 및 적응력

조화와 균형감각

상상력과 예술적 기질

건축의 기원과 역사에 대한 지식

기술력

여행하면서 다양한 도시와 국가의 최고 건축물에 대한 시각적 지식 습득

최고의 시대정신을 건축양식으로 표현할 힘을 키우기 위한 폭넓은 문화

⑧ 법조계:

인간의 성격과 동기에 대한 이해

사람을 상대하고 다루는 능력

표현력

관찰력

기억력

추론

상상력

상식, 명료한 사상, 단호한 주장

청렴결백, 신뢰성

유머 감각, 동정심, 친절함, 예의, 호전성, 끈기, 불굴의 의지, 지략, 독창성, 법률 지식, 사업과 산업에 대한 지식, 역사, 과학, 문학, 예술에 대한 지식

지역

인맥

자원

좋은 외모와 언변

⑨ 정치계:

법조계에서 성공하기 위한 모든 요건

국정운영기술, 외교관계, 정치사와 정치조직, 공인, 공공의 문제, 그 당시의 주요 움직임, 국가 간 그리고 국제관계 등에 관한 지식

인간에 대한 지식

이름과 얼굴 기억력

조직력 및 실행력

건설적인 마인드

협업 능력

최고 방식의 조직력과 통솔력

장악력이 있는 성격 및 성취

재치, 예의, 매력적인 성격

(9) 준전문가

① 정치, 국회, 의회, 선거 사무국:

뛰어난 서비스 또는 능력

부와 밀접하고 대중적인 대의명분을 표방

영향력 있는 지인

웅변력

공적인 일에 관한 관심

어떤 중요한 동향을 효과적으로 추진하기

   소규모의 서비스라도 기꺼이 제공하려는 마음

   사교성

   이름과 얼굴 기억하기

   폭넓은 친분

   상식

   유머 감각

   매력적인 성격

   멋진 외모와 언변

② 강의, 대중 연설:

   성격: 차별화된 서비스, 명성, 사람들이 한 일을 보고 듣고 싶어 하는 성향

   사람들의 마음을 움직이기: 중요한 주제에 대한 확실한 지식, 호소력 있는 프레젠테이션 방법

   스타일: 단순하고 명료하고 힘차고 신속한 움직임, 유머, 청중의 일반적인 생각과 감정에 호소

   웅변: 웅변력, 목소리 톤 조절, 연설 시간, 활력, 진지함, 잠시 멈춤, 제스처, 표정 등

   참신함: 광고

③ 비서직:

   서신 기술

   신뢰성, 공손함

조심성, 정확성

신용도

분석적 방법과 조사에 대한 지식

많은 경우에 경영, 경제, 공공의 문제 등에 대한 지식이 필요함. 특히 협회, 조합, 노동조합, 시민단체 또는 권익단체에서 일하는 경우

빈번히 요구되는 조직 구성력

재치, 에너지, 추진력, 상식

(10) 예술계 종사자
① 일러스트:
기술력

상상력

다양한 소재를 이해할 폭넓은 문화적 소양

주제 선정에 있어서 상식과 판단력

독자의 관점을 이해

② 만화:
기법 및 훈련

정치와 시사에 대한 지식

상상력

창작력

유머 감각

③ 판화:

　　장시간 지치지 않는 실습

　　강하고 확실하면서 섬세한 손기술

　　손과 눈의 협응 능력

　　신경의 완벽한 조율과 조절

④ 사진:

　　최상의 자세를 선택할 수 있는 능력

　　고객과 유쾌한 농담을 하면서 가장 최고의 표현을 끌어내는 재치

　　최상의 순간을 포착하는 카메라 작동 기술

　　형태의 비율, 명암에 대한 예술적 감각

　　전문 기술

　　공손함

⑤ 그림:

　　예술적 기질, 형태와 색에 대한 열정

　　색감, 형태 비율

　　예술가의 기량에 걸맞은 주제를 선택할 수 있는 예술적 능력

　　작품을 구성하는 지식

　　붓을 사용하는 기술

⑥ 조각:

　　형태, 이상 추구, 기술

　　예술적 기질, 형태와 표현에 대한 열정

형태와 비율의 섬세한 감각

생명, 움직임, 감정을 형상화하는 힘

기술의 숙달

⑦ 조경:

형태, 색채, 비율의 감각

그림으로 그리는 것이 아니라 실제 나무와 잔디, 건물, 분수, 호수, 하늘로 대규모 작품을 만들어 낼 수 있는 능력

예술적 감각과 아름다운 장면의 이미지로 가득한 머릿속

상상력, 기법, 경험

⑧ 음악:

보컬:

예술적 기질, 타고난 재능, 음악적 기억력

고집스럽게 추구하는 문화

음성변환 및 표현

보기 좋은 외모

악기:

예술적 기질

타고난 음악적 기억력

끊임없이 반복하는 연습

감정 표현의 조절

보기 좋은 외모

손 사용 능력

작곡:

    예술적 기질

    타고난 재능

    음악적 기억력

    독창성

    상상력

    소리의 조화로운 조합으로 감정을 표현하는 자연스러운 훈련에 의한 능력

    최고의 음악, 작곡 방법 등에 관한 공부

⑨ 연기:

예술적 기질

감정적인 본성, 목소리와 움직임으로 감정 표현을 하는 열정

자연스러움, 포즈 취하는 자세, 절제, 과하지 않은 표현력, 열정을 뿜어내는 끼

기억력, 자신감, 지칠 줄 모르는 근면함

엄청나게 많은 사전 연습과 지속적인 공연에 대한 부담감을 견딜 수 있는 건강과 체력

멋진 외모

기회

⑩ 성우:

훈련과 기술

좋은 목소리, 음악적인, 인생이 충만한, 잘 훈련된

청중들의 흥미를 끄는 선택에 관한 판단

변조, 표현, 공감, 자신만의 탁월성

매력적인 외모와 성격

(11) 공공 서비스:

우체국: 기억력, 지리, 손글씨 해독력

경찰서: 용기, 체력, 인간 본성에 대한 이해

소방서: 신속성, 무공포성, 민첩성 등

육해군: 신체검사, 상명하복 등

공무원: 정확도, 수학, 특별 훈련

영사업무: 외국어, 법, 여행 선호 등

외교, 대사 등: 국가시험, 외국어 등

(12) 사회사업:

봉사에 대한 애정, 열정, 존경받는 인품

표현력

조직력

그 일을 해야 할 사람들에 대한 이해

인간 본성에 대한 전반적인 지식

사회, 정부, 산업에 대한 지식

동정, 재치, 유머, 협동

인내심, 친절함, 높은 이상

좋은 일반 교육

사회 문제, 조직, 연구 등에 대한 특별 교육

매력적인 성격

역량 점수

고용주는 그들을 위해 일하는 사람들을 판단하는 방법에 있어서 점점 더 과학적으로 하고 있다. 성급한 판단과 추측은 과거의 일이 되어가고 있다. 이러한 경향을 보여주는 다음의 예는 어떤 대형 백화점에서 사용되는 역량점검 일정표의 일부이며, 여기에 제시해도 좋다는 허락을 받았다. 기록 양식에는 관리자용, 영업사원용, 그 외의 모든 직책용 세 가지가 있다. 관리자에 대한 기록은 다양한 직급에 맞는 검사에 따라 달라진다. 일반적인 양식은 다음과 같다.

이름:

I. 개인정보

입력한 날짜 :
현재의 지위 :
이전의 경험 :
교육 수준 :

II. 일반적인 자격요건

	점수	관리자 점수		
		날짜	날짜	날짜
성격	100			
건강	100			
지능	100			
학습능력	100			

- 모든 직원은 각각의 점수에서 75% 이하가 되지 않도록 유지해야 한다.
- 일시적으로 건강의 점수가 50% 정도인 것은 허용할 수 있다.

III. 결과

	점수	부서장 점수		
		날짜	날짜	날짜
[업무처리]				
원활한 업무 운영	24			
신속한 업무 수행	24			
완벽한 업무 수행	24			
적절한 비용 처리	24			
[직원 관리]				
부하직원의 만족스러운 결과	24			
부하직원과의 원만한 관계	24			
부하직원의 역량 개발	24			
대체 근무 훈련	24			
[관리자적 자질]				
주도성: 시키지 않아도 하는, 결과를 위해 불필요한 요식행위는 건너뛰는, 동료에게 미루지 않고 추진하는	20			

	점수		
책임감: 신뢰할 만한, 규칙적인, 시간을 엄수하는, 정확한, 균형 잡힌, 안전한 판단을 하는	20		
집중력: 일을 마무리 짓는, 딴짓하지 않는, 맡은 일을 충실히 하는, 작업 능력, 지속력, 의지력, 목표 달성까지 도달했는지	20		
진취성: 성장하고 있는지, 공부하고 있는지, 열린 마음인지, 있는 그대로의 일에 전념하는지 아니면 마땅히 해야 할 일에 전념하는지	20		
지식: 폭넓은 친분, 인성, 자신의 직무, 회사 시스템, 다른 회사, 성공한 사람과 성공하는 방법, 독서	20		
	총점		

• 200점 이하는 합격할 수 없다. IV의 점수에 따라 일부분 허용할 수도 있다.

IV. 향후 결과에 대한 전망

	점수	감독관 점수		
		날짜	날짜	날짜
학습	24			
성공을 위한 개인적인 헌신	24			
일시적인 장애	48			
지식을 추구하려는 포부	10			
건전한 열정	10			
용기	10			
활력	10			
제안	5			
다른 사람에게 도움이 됨	5			
	총점			

• 첫 번째 열에 표시된 점수는 각 항목에서 허용되는 최고 점수이다.

등급은 다음과 같이 정해진다.

A(최고) 100%, B(양호) 75%, C(보통) 50%, D(미흡) 25%, E 0%

분명한 차이를 나타내기 위해 백분율 등급을 사용한다.

위의 I(개인정보)과 II(일반적인 자격요건)에 다음을 추가한 영업사원용 역량점검표는 다음과 같다.

III. 특별한 자격요건

	점수	감독관 점수		
		날짜	날짜	날짜
세일즈맨십 훈련	100			
매너	100			
성량	100			
체격	100			
옷차림	100			
영어	100			
속도	100			
정확도	100			
에너지	100			
취향 파악(구매자)	100			
일을 사랑하는 정도	100			
작업 능력	100			
	평균			

- 모든 영업사원은 특별한 자격요건에서 평균 최소 50%를 유지해야 한다.

IV. 성과

	점수	매니저 점수		
		날짜	날짜	날짜
할당량 채우기	20			
평균 등급	20			
고객 서비스	16			
수익성 있는 상품 판매	12			
상품 의뢰받은 건수	10			
출장 판매원	4			
재고 관리원	8			
재고 표시(구매자)	4			
정확함	2			
규칙적임	2			
주문을 즐겁게 이행	2			
	총점			

- 만약 III 또는 IV에 의해 상쇄되지 않는다면, 75% 미만의 등급은 통과할 수 없다. II의 평균 점수와 V의 점수가 75%가 넘지 않는다면 IV의 합계 점수를 임의로 추가할 수 있다.

V. 향후 결과에 대한 전망

	점수	총괄 매니저 점수		
		날짜	날짜	날짜
학습	5			
목표 달성을 위한 개인적인 헌신	5			
일시적인 신체장애	10			
상품에 대한 궁금증	5			
영업 능력 향상 교육	5			
제안	3			
다른 사람에게 도움이 됨	3			
관리자적 자질	10			
	총점			

- 만약 III 또는 IV에 의해 상쇄되지 않는다면, 75% 미만의 등급은 통과할 수 없다. III의 평균 점수와 V의 점수가 75%가 넘지 않는다면 IV의 합계 점수를 일시적으로 추가할 수 있다.

관리자나 영업사원이 아닌 직원의 점수는 앞서 말한 일반적인 양식과 유사하며, 감독관의 판단에 따라 직급별로 다르다.

7. 산업 분류

직업상담사 각자는 직업에 대해 철저하고 상세하게 분류해야 한다. 이러한 직업 목록은 영구적일 수 없고, 불완전할 수 있으므로, 여기에 제시되는 내용이 전부는 아닐 것이다. 광범위한 영역에서 다음과 같이 다양한 산업 활동으로 분류해 볼 수 있다.

1. 중개업과 사무직
2. 농업
3. 예술
4. 상업
5. 가사와 개인 서비스
6. 어업
7. 제조업
8. 기계, 건축, 건설
9. 전문직과 준전문직
10. 운송
11. 기타

직업상담사의 첫 번째 업무 중 하나는 가능한 한 각각의 항목

아래에 완전한 목록을 만드는 것이다.

　　무의식적으로 살아가는 청년의 가장 심각한 한계 중 하나는 산업 세계에 대한 그들의 전망이 부족하다는 것이다. 내담자는 가능한 한 추구하려는 산업의 다양한 영역을 많이 알아야 하며, 그 첫 번째 단계는 내담자에게 해당 분야 자체에 대한 포괄적인 시각을 제공하는 것이다.

8. 여성이 진입할 수 있는 직종

다음에 제시한 목록은 여성이 집안과 밖에서 또는 기술을 필요로 하거나 아니면 기술이 없어도 경제활동을 할 수 있는 방법이다. 이 목록은 완벽한 것이 아니며, 다양한 직업을 연상하도록 하는 것에 가치를 두고 있을 뿐이다.

식물 재배	축산
꽃이나 화초 키우기 - 화훼 과수 재배 화초, 덩굴식물 키우기 나무 키우기 - 원예 채소 키우기 - 시장 판매용 버섯 키우기 판매하기 위한 씨앗, 구근 등 키우기 자신의 또는 다른 사람의 집에 있는 꽃 돌보기 - 꽃 의사 꽃 채집하기, 하바리움 만들기 등	닭을 키우고 달걀 팔기 벌을 기르고 꿀 팔기 누에 기르기 낙농업 소 키우기 말 키우기 양 키우기 개 키우기 고양이 키우기 토끼 키우기 새 키우기 ※ 더 잘 사육하고 더 많이 훈련하여 더 비싼 가격에 팔기 다른 사람의 동물, 즉 애완고양이 또는 애완견 돌보기 나비를 채집하여 팔기 야생동물을 보살피고 훈련하고 전시하기
식품 제조	**직물 작업**
과일, 젤리, 피클 등 판매하기 버터, 치즈 등 만들기 빵, 파이, 케이크 만들기 사탕, 팝콘 만들기	단순한 바느질 세탁소에서 옷 수선과 짜깁기 등 단추 구멍 만들기 상점과 공장용 의류 만들기

말린 자두 만들기
소금에 절인 아몬드 만들기
씨 없는 건포도 만들기
얇게 썬 고기나 샌드위치 등 요리해서 판매하기
식탁에 올릴 수 있는 채소 등 요리해서 판매하기
기차의 승객이나 가게와 공장의 점원과 근로자들에게 점심 도시락 만들어서 팔기
모임에 필요한 가벼운 점심 준비하기
행사의 케이터링 등

앞치마, 넥타이, 스카프, 물걸레, 세탁용 가방, 쇼핑 가방 등 만들기
유아용 양말, 실내복, 속옷 제작하기
정리함과 소파 쿠션 만들기
조각천을 이용한 퀼팅하기
천으로 만든 카펫, 러그 등 만들기
봉제 인형 만들기
봉제 동물, 테디베어, 코끼리, 개 등 만들기
케이크나 차 밑에 까는 작은 깔개나 식탁 중앙 장식용 깔개 만들기
뜨개질 및 코바늘로 뜬 슬리퍼, 숄, 스카프, 벙어리 장갑, 팔 토시, 두꺼운 양말 등 만들기
레이스와 레이스 손수건 등 만들기
자수로 옷깃과 커프스 등 만들기
태피스트리 만들기
드레스 만들기
여성 모자 만들기

숙박업
하숙집 운영하기
방을 임대하기

기타 가내 수공업
덮개 만들기
바늘꽂이 만들기
바구니 만들기
가죽 제품 만들기
의자 만들기
액자 만들기
향수 만들기
조화 만들기
구슬 장식, 지갑 등 만들기
박스 만들기
허리띠 등 만들기
소파 덮개 만들기

매장 업무
판매원
포장원
계산원
경리, 사무원
서빙, 수리공 등
모델, 가이드 등
건물 관리인
쇼윈도우 장식가
물품 관리원
구매상 및 점원
관리자

가사도우미
요리사
식모
하녀
세탁원

공장 및 상점
신발 공장
면직 및 모직 공장
박스 공장
통조림 공장

집사
가정부
간병인

호텔과 레스토랑
요리사
웨이트리스
객실청소부
세탁원
사무원
객실책임자

일상생활
세탁 및 다림질
걸레질
카펫 세탁
집 청소

자영업
창고업
직업소개소 운영
타이프라이터 사무소 운영
양재
여성 모자 제작 판매
미용실
족부 치료
매니큐어
마사지
장갑, 리본 등 세탁업
독신자 또는 가정을 위한 의류와 주거 관리 서비스
호텔 등의 투숙객용 짐 싸기
여성 대리 보호자
어린이 모임에서의 일 – 엄마들의 휴식을 위해 어린 자녀와 하루에 몇 시간씩 놀아주기
가정과 기관의 수간호사

전문직 및 준전문직
일반적인 교습
    유치원
    가정교사

의류 공장
세탁소
조판
인쇄
교정
제본 등

사무
속기 및 타이핑
경리
전신
전화 교환 업무

중개업 등
책 판매-외판원
채권과 주식 판매
위탁 상품 판매
시연
광고
생명 보험
부동산
노동조합 및 기타 조직의 유급 임원

　　　　공립학교
　　　　학원
　　　　대학
　　　　예체능
　　　　　　음악(보컬, 악기)
　　　　　　춤
　　　　　　맨손체조
　　　　　　건강 및 미용 목적(체육관 모임 또는 개별 수업)
　　　　통신 교육
작가: 책, 잡지 기사 등, 과학, 미술, 시, 소설 등을 쓰기
기자: 신문기사 작성 등
광고 문안 작성
통역
번역
강의
웅변
드로잉
페인팅
목공
모델링
조각
가정학
양재
간단한 바느질과 화려한 모자 제작
요리 강사
영업기술 지도 강사
목회
전도
의료
간호
치과 진료
법조계
도서관 업무
개인 비서
여행자 가이드
체육관 또는 기타 기관의 관리자 또는 원장
독서, 노래, 연기 등('예술계' 참조)
기타

예술계
삽화 그리기

자수에 필요한 무늬 그리기
타일, 벽지, 카펫의 디자인 만들기
도자기에 그리기
조경 공사
초상화
장식용 꽃꽂이
쇼윈도우 장식

노래
휘파람
춤
연기
곡예
포즈 모델
※ 콘서트 극장 또는 사적 공연에서

사진 촬영
흑백사진 수정
컬러 사진
크레용 또는 잉크로 사진에 채색 확대
목각 또는 숯으로 만든 예술 작품
조각
건축
주택 실내장식
조경
피부 관리
오케스트라 지휘
피아노, 바이올린 등 악기 연주
마술 공연

공공 서비스
우체국
세관
공장 점검
정부 직원 등

사회 활동
사회정착사업 college settlements [6]
자선단체
동아리 활동
과외

---

[6] The College Settlements Association은 1890년 사회정착사업에 관심이 있는 여성들의 모임에 의해 결성되었다. 이 단체의 목적은 여대생을 공공의 목적과 공공의 일에 끌어들이는 것에 있다. [출처: https://newspaperarchives.vassar.edu/?a=d&c=literary19151001-01.2.22&] (역자 첨부)

	조사, 교육, 방문 - 불우이웃의 생활과 경제적 안정을 돕고, 이들을 도울만한 사람을 계몽하고 교육하고 조직화하여 지원하기 복지 사업 상호 협조 및 도시와 사회 개선을 위한 협력 기업 및 협회 구성

9. 통계자료 활용

직업상담사는 산업의 변천사와 산업 지형도에 대해 주의 깊게 파악해야 한다. 또한 단순히 통계자료를 확보하는 것이 아니라, 활용하는 방법도 알아야 한다. 그래서 Massachusetts의 상황을 보여주는 다양한 예측치를 확보하여 제시하였다.

1. 1900년 Massachusetts의 주요 도시에서 10세 이상의 인구 천 명당 다양한 산업에 종사하는 근로자 명단(이러한 정보는 12회차 인구조사, '직업 편', 표 42, p. 428 등에서 얻을 수 있음)

2. Massachusetts의 다양한 산업에 투자된 자본, 사업장 수, 근로자 수, 직원 1인당 자본금, 관리자 및 고위 임원에게 지급되는 임금 등(이러한 정보는 미국 인구조사, 1900년[7], 제조업, Part II, 표 19, 1902년, 광산 및 채석장, p. 234 등에서 얻을 수 있음)

3. 미국 인구조사 보고서에서 가져온 각 산업에 대한 총임금

---

[7] 원문에는 1905년으로 되어 있지만, 1905년에는 인구조사가 이루어지지 않고(인구조사는 10년마다 이루어짐) 여기에서는 1900년에 실시한 미국 인구조사 결과를 사용한 것으로 보아 1905년을 1900년으로 수정함. (역자 첨부)

액, 평균 근로자 수 및 일평균 임금을 보여주는 소득과 관련된 표

4. Massachusetts의 10대 도시에서 다양한 직업에 종사하는 사람들의 성별, 인종 및 국적을 보여주는 표
5. 1860년부터 1900년까지의 199개의 직업 수요 변화를 보여주는 표
6. 1870년, 1880년, 1900년 각기 다른 산업에 종사하는 여성 근로자 수요 변화를 보여주는 표
7. Massachusetts의 150개 직업군 중 근로자 천 명당 사망률을 보여주는 표

    이 표에는 몇 가지 흥미로운 사실이 있다. 예를 들어, 1860년 이래로 인구는 2배 조금 넘어 증가했을 뿐인데, 중개업과 사무직에 종사하는 사람들의 수가 50% 증가한 반면, 1870년보다 32배에 달하는 여성이 중개업과 사무직에 종사하고 있지만, 사실상 현재는 남성이 여성보다 2배 더 많이 종사하고 있다.

    농업에 있어서 1900년의 수치는 1860년 이래 천 명 이상이 감소했음을 보여준다. 그러나 이 일에 종사하는 여성은 1870년보다 1900년에 10배나 증가하였다.

    가정과 개인 서비스 분야에서 1900년에 고용된 사람들이 1870년에 비해 3배나 많았으나, 여성은 2배밖에 되지 않았다.

    어업 종사자 비율은 거의 비슷하다. 1900년 인구조사에 따르면

44명의 여성이 종사하였다.

식품 제조업에 종사하는 여성의 수는 30년 동안 20배 증가했지만, 여전히 이 분야에서 남성이 여성보다 훨씬 더 많다.

가죽과 신발 산업의 근로자 수의 비율은 인구 증가를 따라가지 못하고 있다. 비록 그 당시에 인구가 거의 2배로 증가했지만, 1870년에 비해 1900년에는 각종 직물 공장에 종사하는 근로자 수가 절반도 되지 않았다. 심지어 이 산업에 종사하는 여성 근로자 수도 인구에 비례하지 않았다.

전문직과 준전문직 집단에는 1900년에는 1860년에 비해 약 5배 많은 근로자가 있었다. 그리고 여기서도 여성의 수가 가장 큰 비율로 증가했다.

소득 문제로 눈을 돌려보면 제조업에서 평균적으로 가장 높은 임금은 노동조합이 가장 활발히 활동해 온 분야에 종사하는 근로자에게 지급된다는 것을 알게 되었다.

위스키 및 주류 제조업 근로자 ⋯⋯⋯⋯	일평균 $2.90
담배 제조업 근로자 ⋯⋯⋯⋯	일평균 $2.10
출판과 제본업 근로자 ⋯⋯⋯⋯	일평균 $2.12

평균 최저 임금은 다음과 같다.

제과 유통업자 ⋯⋯⋯⋯	일평균 $1.04
빗자루와 브러쉬 직공 ⋯⋯⋯⋯	일평균 $1.07
종이 상자 직공 ⋯⋯⋯⋯	일평균 $1.16

편직물 직공	⋯⋯⋯⋯⋯	일평균 $1.16
견직물 직공	⋯⋯⋯⋯⋯	일평균 $1.18
면직물 직공	⋯⋯⋯⋯⋯	일평균 $1.22

평균 최고 임금은 다음과 같다.

맥아 및 증류주업	⋯⋯⋯⋯⋯	평균 $1,933.33
종이 및 종이 용품업	⋯⋯⋯⋯⋯	평균 $1,777.46
화학업	⋯⋯⋯⋯⋯	평균 $1,771.39
면제품업	⋯⋯⋯⋯⋯	평균 $1,767.70
모직업	⋯⋯⋯⋯⋯	평균 $1,770.70

1900년 미국 인구조사에 따르면 산업생태계의 많은 영역에서 소득이 명시되지 않고 있다. 이것은 주 통계국의 관행이 다르다. 직업 상담사가 이러한 통계자료 중 어느 것에서도 필요한 정보를 얻을 수 없다면, 특정 산업 분야에 속해있는 개인들로 이루어진 한 집단을 선택하고 원하는 사실을 직접 얻음으로써 안전한 방향 제시를 할 수 있는 기초자료를 쉽게 얻을 수 있다.

10. 다양한 산업에서의 근로자 수요 변화
(미국, 1870~1900)[8]

수요 변화를 고려할 때, 2가지 중요한 점이 있다. 첫째, 지난 10년, 20년, 30년, 50년 동안 유급 근로자의 증가와 감소를 살펴보면 그 기간 동안 다양한 직업에 종사하는 근로자에 관한 수요의 증가 또는 감소를 알 수 있다. 둘째, 인구 대비 증가율을 계산해보면 이러한 수요가 인구 증가에 따라 증가 또는 감소했는지 알 수 있다.

[표 I]을 예를 들어보자면 농업에 종사하는 사람의 수가 1870년 이후 거의 2배로 증가했음에도 불구하고 인구 대비 비율(천 명당)은 1870년보다 더 감소한 것을 보여준다. 그러나 다른 모든 분야는 실제 종사하는 근로자의 수뿐만 아니라 인구 대비해서도 증가했다.

그러나 직업을 선택하는 사람들은 이러한 전반적인 수치보다 특정 직업에 종사하는 수치를 더 중요하게 여긴다. [표 I]을 보면 1900년에는 미국 인구 천 명 당 약 16명이 전문직 서비스에 종사했고, 반면 1870년에는 천 명당 9명[9]만이 전문직 서비스에 종사했다. 그러나 1870년에서 1900년 사이에 치과의사가 거의 4배 증가했다는 사실을

---

8 이 수치는 미국 대륙 전체를 대상으로 한 것이다. 1870년, 1880년, 1890년, 1900년은 10세 이상 모든 인구를 대상으로 하고 있다.
9 원문에는 12명으로 쓰여 있지만, [표 I]에는 9.64명이므로 9명으로 수정함: (역자 첨부)

알 수 있다. 기술자, 외과의사, 기자는 거의 6배, 문학가와 과학자는 10배가 증가한 것과 같은 수요의 변화에 대해 자세하게 알 수 있다. 그리고 내과의사와 외과의사, 변호사, 성직자의 경우, 비록 그 기간 동안 2배로 증가했지만, 인구 증가에 비례해서는 거의 변화가 없다.

종종 상위 직업군이 많이 증가하는 동안 그 하위의 특정 직업군은 감소하거나 그 반대의 경우가 발생할 수 있다. 즉 무역과 운송은 1870년에 인구 천 명당 32명[10]이 종사했으나 다른 어떤 직업군보다 빠르게 성장하여 1900년에는 인구 천 명당 62명이 종사하고 있다. 그러나, 무역과 운송의 하위 직업군인 뱃사공과 선원은 1850년 105,072명에서 1900년 78,406명으로 감소했다[11]. 반면 농업은 1870년보다 1900년에 인구 천 명당 18명을 덜 고용했음에도 불구하고, 농업의 하위 직업군인 축산업자와 목축업자는 1870년 15,359명에서 1900년 84,988명으로 증가하여 인구 대비 3배 증가하였다.

---

10 원문에는 37명으로 쓰여 있지만, [표 I]에는 32.27명이므로 32명으로 수정함. (역자 첨부)
11 1850년에는 15세 이상 남성만 직업통계의 대상으로 했지만, 1870년, 1880년, 1890년, 1900년에는 10세 이상 모든 인구를 대상으로 했다는 것이 의미 있다.
12 이 수치는 미국 대륙 전체를 대상으로 한 것이다. 직업군의 수치는 10세 이상의 모든 인구를 대상으로 하며, 인구 대비 천 명당으로 표기되었다.
이 표는 1900년 미국 인구조사 '직업 편' 표 22, 표 29, '인구 편', PartⅠ, 표 7에서 가져온 것이다.

[표 I] 인구 천 명당 주요 직종에 종사하는 유급 근로자 수(미국)[12]

	1900년		1890년		1880년		1870년	
	근로자 수	천 명당	근로자 수	천 명당	근로자 수	천 명당	근로자 수	천 명당
전체 직업군	29,073,233	381.02	23,318,183	372.36	17,392,099	346.76	12,505,923	324.33
농업	10,381,765	136.06	9,148,448	146.08	7,713,875	153.80	5,948,561	154.27
전문직	1,258,538	16.50	944,333	15.08	603,202	12.02	371,650	9.64
가내와 개별 서비스직	5,580,657	73.14	4,220,812	67.40	3,418,793	68.16	2,263,564	58.70
무역과 운송업	4,766,964	62.47	3,326,122	53.11	1,871,503	37.31	1,244,383	32.27
제조업과 기계업	7,085,309	92.85	5,678,468	90.67	3,784,726	75.46	7,085,309	92.86
1. 제조업과 기계업	6,435,608	84.34	5,231,058	83.53	3,493,977	69.66	-	-
2. 채광과 채석	580,761	7.61	387,248	6.18	249,397	4.97	-	-
3. 어업	68,940	0.90	60,162	0.96	41,352	0.82	-	-

산업군 성장의 가장 흥미로운 특징 중 하나는 증가하는 여성 고용률이다. 1850년에는 미국 인구조사에서 직업통계에 여성이 포함되지 않았다. 1870년에는 12,505,923명 중 1,836,288명이, 1900년에는 29,078,238명 중 5,319,397명이 여성 유급 종사자이다.

여성 고용 비율이 증가하고 그에 상응하여 남성 고용 비율이 감소한 직종은 다음과 같다.

전체 교사 인원 대비 여성 교사의 비율은 1880년 67.6%에서 1900년 73.8%로 증가했다. 여성 음악가와 여성 음악교사의 비율은

1880년 48%에서 1900년 56.4%로 증가했다.

　　공무원으로 고용된 여성의 비율은 1880년 3.1%에서 1900년 9.4%로 증가했다.

　　여성 예술가와 여성 미술교사 비율은 1880년 22.5%에서 1900년 43.8%로 증가했다.

　　문학과 과학에 종사하는 여성의 비율은 1880년 11.9%에서 1900년 31.8%로 증가했다.

　　1900년 여성 취업률이 증가하지 않은 직업은 배우, 연기자 등이다. 이 분야에서 남성의 비율이 1880년 72.5%, 1900년에는 79.1%이다.

　　건축가, 성직자, 치과의사, 변호사, 내과의사, 외과의사의 경우 1900년 여성의 비율은 낮았지만 1880년의 비율과 비교하면 현저한 증가 추세를 보인다.[13]

　　다양한 직업에 고용된 남성과 여성의 비율 변화는 1900년 미국 인구조사, '직업 편', 표 48과 pp. 137~139를 참조한다.

　　이 장에 있는 두 개의 표 중 [표 II]는 1900년에 가장 많은 남녀 모두를 고용한 20개의 직업, 가장 많은 남성을 고용한 20개의 직업, 그리고 가장 많은 여성을 고용한 20개의 직업을 보여주고 있다. [표 III]은 남녀 전체 근로자의 수가 가장 많이 증가한 직업 및 여성 근로자의 수가 가장 많이 증가한 직업이다.

---

[13] 미국 인구조사, 1900년, '직업 편', p. 137를 참조한다.

[표 II] 성별에 따라 근로자가 가장 많은 직업, 1900년[14]

통합 분포		남성의 분포		여성의 분포	
직업	근로자 수	직업	근로자 수	직업	근로자수
목장주, 농장주, 작업감독관	5,674,875	목장주, 농장주, 작업감독관	5,367,169	하인 및 웨이터	1,283,763
농부	4,410,877	농부	3,747,668	농부	663,209
인부	2,629,262	인부	2,505,289	양재사, 여성 모자 상인 등	645,954
하인 및 웨이터	1,560,721	상인 및 판매원	756,802	세탁원	335,282
경리, 점원, 속기사 등	997,371	경리, 점원, 속기사 등	751,854	교사, 대학 교수 등	327,614
양재사, 여성 모자 상인, 재봉사, 재단사	815,334	목수 및 소목수	599,707	목장주, 농장주, 작업감독관	307,706
상인 및 판매원	790,886	철도원	580,462	경리, 점원, 속기사 등	245,517
외판원	611,139	광부 및 채석공	562,417	외판원	149,230
목수 및 소목수	600,252	마부, 트럭 운전사	538,029	인부	123,975
철도원	582,150	외판원	461,909	면직공	120,603
광부 및 채석공	563,406	철강 노동자	287,241	간호사 및 조산사	108,691
마부, 트럭 운전사 등	538,933	기계공	282,574	하숙집 관리인	59,455
교사, 대학 교수 등	446,133	페인트공, 유리장이	275,782	예술인 및 음악교사	52,359
세탁원	385,965	제조업자 및 업계 관계자	239,649	담배와 시가 공장 직공	43,497

---

14 이 표는 1900년 미국 인구조사 '직업 편', 표 4에 기반하고 있다.

철강 노동자	290,538	중개상	230,606	장화와 신발 제조, 수선공	39,510
기계공	283,145	대장장이	226,284	상인 및 판매원	34,084
페인트공, 유리장이	277,541	자동차 정비공, 소방관	223,318	견직공	32,437
면직공	246,391	장화와 신발 제조, 수선공	169,393	셔츠, 깃, 커프스 제작	30,941
제조업자 및 업계 관계자	243,009	양재사, 여성 모자 상인, 재봉사, 재단사	169,380	모직공	30,630
대장장이	226,477	제재소 직원	161,251	전보 및 전화 교환수	22,556

[표 III] 1870년과 1900년 남녀 전체 근로자 수와 여성 근로자 수가 가장 많이 증가한 직업[15]

남녀 전체	1870년	1900년	증가분(배)	여성	1870년	1900년	증가분(배)
속기사 및 타자수	154	112,364	729.6	전기기사	-	409	-
외판원	14,203	611,139	43.0	변호사	5	1,010	202.0
광산과 채석장 관리자	576[16]	17,355	30.1	음료수 제조원	5	794	158.8
음료수 제조원	458	10,519	22.9	나무꾼	-	113	-
수위 및 문지기	2,920	56,577	19.3	중개상	97	10,556	108.8
견직공	3,256	54,460	16.7	양철 제품 제작원	17	1,775	104.4

15 이 표는 1900년 미국 인구조사 '직업 편', 표 4에 기반하고 있다.
16 광산 회사 관계자만 포함하고 있다.

시계 제작 및 수선공	1,779	24,120	13.5	포장 및 배달업자	195	19,988	102.5
철도원	5,103	68,919	13.5	목재상	-	130	
양말과 니트 공장원	3,653	47,120	12.9	기술자 및 외과의사	-	84	
중개인	20,316	241,162	11.9	급사	80	6,663	83.2
포장 및 배달업자	5,461	59,545	10.9	건축가, 디자이너, 공예가	14	1,041	74.3
문학가 및 과학자	1,751	18,844	10.7	시계 제작 및 수선공	75	4,815	64.2
배우, 연기자 등	3,230	34,760	10.7	전보 및 전화 교환수	355	22,556	63.5
테레빈유 농부	2,478	24,735	9.9	기자	35	2,193	62.6
간호사와 조산사	12,162	120,956	9.9	외판원[17]	2,775	149,230	53.7
전보 및 전화 교환수	8,316	74,982	9.0	수위 및 문지기	153	8,033	52.5
건축가, 디자이너, 공예가	3,303	29,524	8.9	성직자	67	3,373	60.3
배관 및 가스 설치기사	11,143	97,785	8.7	철도원	1	46	46.0
				마부	2	79	39.5
				양조원	8	275	34.3
				치과의사	24	807	33.5
				경리, 점원, 속기사	8,023	245,517	30.6

---

[17] 1870년과 1890년 사이에 외판원은 점원으로 많이 이동하였다(미국 인구조사, '직업 편', p. 71).

참고자료

이 장에 있는 표의 내용은 다음을 참조하였다.

- [표 I]은 미국 인구조사, 1900년, '직업 편', 표 22. 1880년, 1890년 및 1900년 주 및 자치령 유급 직업 및 주요 분야 근로자 수와 '인구 편', Part I, 표 7. 1870~1900년 지역별 주와 연방의 인구 참조
- [표 II]와 [표 III]은 '직업 편'에 있는 표 3과 표 4를 1850년의 수치는 '직업 편' 표 5를 참조
- 각각의 직업에 대한 남성과 여성 고용률의 가장 두드러진 변화의 요약본은 '직업 편', pp. 137~139와 표 48과 1880년과 1900년의 특정 직업 종사자의 남성, 여성, 청소년의 비율 분포를 참조

추가 참고문헌은 '직업 편'에서 다음과 같이 참조하였다.

- 표 34. 1890년과 1900년 주요한 분야 유급 근로자 수의 남성과 여성 특정 직업별 분포
- 표 44. 1880년과 1890년의 분포를 포함한 1900년 특정 직업 근로자의 성별 분포
- 표 88. 1890년과 1900년 인구조사가 이루어지는 일정 기간에 총 남성 근로자 수 대비 특정 직업의 남성 실업자 수
- 표 89. 1890년과 1900년 인구조사가 이루어지는 일정 기간에 총 여성 근로자 수 대비 특정 직업의 여성 실업자 수

11. 1900년 미국의 주, 자치령 및 주요 도시에 대한 다양한 산업별 근로자 지역 분포

[표 III]에 있는 다음의 2가지 수치는 미국 전역에 걸쳐 다양한 산업에 종사하는 근로자의 지역 분포를 파악하기에 유용할 것이다. 첫 번째 수치는 전국 각지의 다양한 직업에 대한 실제 고용 수치이다. 이 수치는 특정 지역에서 근로자에 대한 수요가 반드시 인구에 비례하지 않고, 이미 많은 수의 근로자가 고용된 지역에서 추가적인 노동력 투입이 예상되는, 예를 들면 제조업과 같은 산업에서 주로 유용할 것이다. 이러한 직업의 주요 핵심 지역을 파악하는 것이 필요할 것이다. 이는 이미 제시된 수치를 통해 해당 산업에서 가장 많은 근로자를 고용하고 있는 주, 도시, 지역 등을 쉽게 찾아낼 수 있다. 예를 들어, 1900년 미국 인구조사에서[18] 1900년 유리 산업의 주요 중심지는 Pennsylvania였으며, 15,765명의 근로자가 고용되었다. 그다음은 10,590명의 유리 생산 근로자를 고용하고 있는 Indiana였다. 같은 방식으로 살펴본다면 Pennsylvania는 유리 제조에 필요한 기구인 화덕, 용해로, 화격자 제조의 주요 중심지라는 것을 알 수 있다.

    두 번째 수치는 근로자의 수요가 인구에 비례하는 직업 즉, 의사, 변호사, 집사, 가정부 등의 경우에 더 직접적으로 유용할 것이다. 이

---

[18] '직업 편', 표 32

러한 직업에 취업을 원하는 사람들의 경우, 어떤 지역에 인력이 남아도는지, 그들이 일을 할 수 있는 곳의 수요가 가장 많은 곳은 어디인지를 확실하게 알 수 있다. 미국의 주, 자치령, 주요 도시의 인구 천 명당 다양한 직업에 고용된 사람의 수를 제공하는 것이 두 번째 중요한 목적이다. 불행히도 인구조사는 10년마다 실시하고 있어 이 수치들을 최신으로 유지할 수 없으므로 많은 부분에 있어서 수치가 의미하는 가치가 떨어진다. 그렇지만 어떤 도시나 주가 어떤 산업에 어느 정도 전문화되었는지 즉, 해당 산업과 관련한 도시나 주의 인구 대비 고용률을 보여주는 데 여전히 유용하게 사용된다.

  [표 IV]는 수요의 지역 분포를 간략하게 요약하고 언급한 바와 같이 2가지 수치의 용도를 더 잘 설명하고 있다. 중남부 지역과 남대서양 지역은 다른 지역보다 인구 대비 농업 종사자를 더 많이 고용하고 있음을 알 수 있다(중남부 지역은 천 명당 234.4명, 남대서양 지역은 천 명당 194.6명). 그러나 중북부 지역은 인구 천 명당 133.2명만을 고용하고 있지만, 실제로는 농업 분야의 근로자가 중남부 지역이나 남대서양 지역보다 더 많다.

  그러므로 실제 고용 수치와 지역 분포 수치로부터 2가지 사실을 알 수 있다. 실제 나타난 고용 수치를 통해 어떤 산업이 '지역 산업localized'이 되는지 즉, 어떤 산업 지역이고, 어떤 지역, 어떤 주, 어떤 자치령에서 더 많이 또는 더 조금 산업을 제한하고 있는지 그리고 전체 근로자 수의 몇 퍼센트가 이러한 지역의 중심에 고용되어 있는지 알 수 있다. 그리고 지역 분포 수치로부터 특정 주, 자치령 또는 도시가 특정 산업에 어느 정도 전문화되어 있는지, 즉 해당 산업에서 주 또는 도시 인구 대비 유급 고용 인구 비율을 알 수 있다.

[표 Ⅳ]의 수치는 이러한 점을 설명하고 있다. 물론, 수요의 변화만큼이나 지역 분포에서도 특정 산업과 관련된 수치는 보다 실질적인 가치가 있다.

다음은 특정 산업이 지역산업이 된 몇 가지 특별한 사례이다. 1900년에 테레빈유 turpentine[19] 농사는 Alabama, Florida, Georgia, Louisiana, Mississippi, North와 South Carolina 등 주로 남부 지역에 국한되어 있고 이 지역에서 테레빈유 농부와 근로자의 대부분이 종사하고 있다. Georgia, Florida, Alabama를 합하면 전체의 85.1%가 종사하고 있고, 그중 Georgia만 보더라도 43.9%가 종사하고 있다.

견직물 제조업은 주로 New Jersey와 Pennsylvania에 집중된다. 1900년 미국 내 견직공의 71.1%가 이 주에 종사하고 있고, 이 중 New Jersey에서만 38.3%가 종사하고 있다.

가장 많은 수의 채석공이 종사하고 있는 주는 Pennsylvania, New York, Ohio, Vermont, Indiana, Massachusetts이다. 미국 내 전체 채석공의 56.1%가 이 주에서 종사하고 있고, 이 중 Pennsylvania에서만 22.4%가 종사하고 있다.

장화와 신발 제조업은 미국 전체 장화 및 신발 제조원과 수

---

19 송진에서 뽑은 수지를 증류하여 만든 식물성 기름으로 페인트를 희석하는 데 사용함. (역자 첨부)

선공의 71.4%가 Massachusetts, New Hampshire, New York, Maine이 있는 북대서양 주를 중심으로 종사하고 있음을 알 수 있다. Massachusetts에서만 50.3%가 종사하고 있다.

지역산업의 한 예로 Massachusetts주 Brockton에서 찾아볼 수 있는데, 이곳의 전체 종사자 수의 거의 절반이 '장화 및 신발 제조원 및 수선공'의 범주에 속하고 있다. 또한 Massachusetts주 Lawrence 전체 종사자 수의 4분의 1 이상이 견직공이다.

[표 IV] 주요 유급 직업 근로자의 지역 분포[20]

		미국[21]	북대서양 지역	남대서양 지역	중북부 지역	중남부 지역	서부 지역
인구[22]		76,303,387	21,046,695	10,443,480	26,333,004	14,080,047	4,091,349
합계	근로자 수	29,073,233	8,579,191	4,000,531	9,580,649	5,209,755	1,703,107
	천 명당	381.08	407.62	383.06	363.86	370.00	416.27
농업	근로자 수	10,443,480	1,074,412	2,032,569	3,508,808	3,300,817	465,159
	천 명당	136.06	51.05	194.63	133.25	234.43	113.69
전문직	근로자 수	1,258,538	411,279	119,360	478,036	152,381	97,482
	천 명당	16.49	19.54	11.43	18.16	10.82	23.83

---

20 가독성을 위해 원문에 있는 표의 행과 열의 방향을 전환함. (역자 첨부)
21 미국 대륙 전체
22 미국 대륙 인구 전체

가사 및 개별서비스직	근로자 수	5,580,657	1,857,069	798,837	1,759,936	793,549	371,266
	천 명당	73.13	88.23	76.49	66.84	56.36	90.74
무역과 운송업	근로자 수	4,766,964	1,867,805	422,272	1,671,015	475,931	329,941
	천 명당	62.47	88.75	40.43	63.46	33.8	80.64
제조업과 기계업	근로자 수	7,085,309	3,368,626	627,493	2,162,854	487,077	439,259
	천 명당	993.21	160.05	60.08	82.14	34.60	107.36

참고자료

위의 내용에 대한 구체적인 정보의 원천은 1900년 미국 인구조사, '직업 편'과 '인구 편' PART I을 참조하였다.

이 장의 [표 IV]는 다음과 같은 인구조사표를 참조하였다.

- '직업 편', 표 22, 1880년, 1890년 및 1900년 주 및 자치령의 주요 산업과 유급 직업 근로자 수
- '인구 편', PART I, 표 7. 1790~1900년 지역별 주와 자치령의 인구
- 특정 산업에 관한 모든 내용은 '직업 편', 표 32를 참조하였다. 주 및 자치령, 10세 이상 인구, 303개의 특정 직업, 1900년
- '직업 편', 표 42, 주요 도시. 총 25,000명 이상의 거주자가 있는 도시, 140개 이상의 직업군 종사자, 10세 이상의 남성과 여성, 1900년

관심을 가질 만한 추가 참고사항은 다음과 같다.

- '직업 편', 표 41, 선택된 직업군에 종사하고 있는 10세 이상의 남성과

여성을 생일, 피부색, 결혼 여부, 실업 기간, 연령대, 혈통, 지역(주 및 자치령)에 따라 분류, 1900년
- 표 43은 50,000명 이상의 거주자가 있는 도시에 대해서도 위의 선택된 직업군 종사자의 분류내용과 동일. '제조업 편' PART I, p. 190, p. 210, 업종의 지역산업(제품의 중요도에 따라 결정)
- 표 4, pp. 66~464. 주 및 자치령의 특정 산업과 관련된 정보를 사업체 수, 자본금, 전력소비량, 소유주와 회사 구성원 수, 임직원 수와 임금, 연중 최대 유급 근로자 수, 연중 최소 유급 근로자 수

PART III

관련 기관과 업무

THE
ORGANIZATION
AND
THE WORK

12. 직업상담소

보스턴 직업상담소The Vocation Bureau of Boston는 Parsons가 기획한 계획에 따라 Quincy A. Shaw 여사에 의해 1908년 1월에 설립되었다. 10여 년 전 '이상적인 도시The Ideal City'에 대한 강연에서 직업상담의 필요성에 대해 언급했다. 이러한 강연은 경제클럽the Economic Club에서 강연하기 몇 년 전부터 Boston에서 여러 번 했었다. 얼마 지나지 않아 시민복지회관Civic Service House을 대표하여 Meyer Bloomfield와 Philip Davis의 초청으로 야간 고등학교 졸업반 학생을 대상으로 직업선택에 대한 강연을 하게 되었다. 강연 후 다수의 청년이 개인 면담을 요청했고, 결과적으로 매우 도움이 된다는 것을 입증했기 때문에 Bloomfield는 Parsons에게 이 일을 상설로 할 수 있는 조직을 계획해 달라고 요청했다. 이 계획은 Shaw 여사에게 제출하였고, Shaw 여사는 적극적으로 이 계획을 승인했고, 즉시 일을 시작할 수 있는 충분한 자금을 지원받아 Boston의 North End에 있는 시민복지회관에 새 부서를 설립했다.

비록 이 일은 시작 단계이고 조직하는 데 많은 시간이 소요되었지만, 15세에서 72세 사이의 많은 사람이 상담을 위해 우리를 찾아왔고, 대부분의 사람들이 깨달음과 도움을 많이 받았으며, 심지어 어떤 이들은 상담사와의 인터뷰가 인생에서 가장 중요한 시간이었다고 말하였다. 내담자 중에는 하버드Harvard 대학 4학년생, 다트머스 Dartmouth 등 인근 대학 학생, 다수의 대학 졸업자, 장사를 하거나 회사에 다니는 청년, 전직 은행장 그리고 한때 연간 20만 달러에 달하는 매출을 올린 여행업 종사자도 있었다.

그러나 내담자의 대다수는 고등학생이거나 이와 비슷한 연령대의 청년이었다.

보스턴 청년기독교협의회The Boston Young Men's Christian Association(이하 YMCA)의 지부로 직업상담소가 설립되었으며, 여성교육산업협회The Women's Educational and Industrial Union와 21세기 클럽The Twentieth Century Club에서 상담사가 정기적으로 방문하였다.

이 직업상담소는 청소년이 어떤 직업을 선택하고 결정할지에 개입하려는 것이 아니고, 자신이 다뤄야 할 문제를 찾아보고 스스로 결론을 내리도록 돕는 것을 목표로 하고 있다. 어떤 문제에 대해 과학적인 방법을 적용하려고 노력하는 이러한 도움은 훨씬 더 타당하고 유익하게 사용될 가능성이 크다고 본다. 그러므로 우리의 좌우명은 인식Light, 정보Information, 영감Inspiration, 협력Cooperation이다.

13. 직업상담사 교육기관

보스턴 YMCA의 직업 부서는 YMCA, 교육기관, (전문)대학, 사회정착사업소, 사업시설과 연계하여 직업상담소의 업무를 수행할 직업상담사 교육기관으로 설립되었다. YMCA의 취업 부서는 직업 부서와 협력하여 활동한다.

앞에서 설명했던 업무를 할 수 있는 직업상담사에 대한 수요가 매우 빠르게 증가하고 있다. 현재 인력은 이 도시에만 보더라도 필요한 만큼 충분하지 않고, 신설된 기관에 대한 실제 관심의 확산은 이러한 움직임이 곧 전국적으로 이루어질 것이라는 믿음을 확인해 주고 있다. 직업지도가 YMCA를 비롯한 주요 도시에 있는 교육기관 서비스의 한 축이 될 것이기 때문에 가능한 한 빨리 유능한 인재를 확보해야 할 것을 예상할 수 있다.

이 새로운 일에 적합한 사람을 위해 직업상담사 양성 학교를 야심 차게 설립했다.

교육 내용은 강의, 연구, 실습, 결과 보고, 회의, 토론, 수업시간에 강사와 수강생이 논평을 하는 특별시험으로 구성되어 있다. 직업적인 조언을 위해 내담자를 검사하고, 각 사례에 나타난 특정 문제의 해결에 적합하다고 판단되는 상담안을 도출하기 위해 적어도 일주일에 3시간 실습을 한다.

가끔 수강생은 수업시간에 내담자를 면밀히 살피고 난 뒤 (내담자가 돌아간 후) 해당 사실로부터 알게 된 것을 분석하고, 이 사례에서 필요로 하다고 생각되는 주요 상담내용과 제안사항을 설명한다. 사안이 요구하는 상담내용 및 건의사항을 진술한다. 전문강사와의 수업, 과정에 대한 관찰, 질문, 논평과 같은 이러한 실습은 최고의 교육적 가치를 부여한다. 주요 산업 이해 관계자와 기업 및 전문직 종사자들의 실무에 입각한 강의도 본 과정의 중요한 특징이다.

본 과정에 입학하기 위해서는 우수한 인성과 능력, 좋은 매너와 태도, 최소한 고등학교 교육이나 그에 준하는 수준 이상의 교육, 교직이나 민간 업체 또는 사회적 활동으로 2년 이상의 충분한 경험, 또는 그에 준하는 수준 이상의 경력을 갖추어야 한다. 그리고 너무 어린 나이에는 성숙하지 않으므로 25세 정도의 나이가 되어야 한다.

수강생의 능력과 사전 준비에 따라 1학기, 2학기 또는 3학기가 소요된다. 청년의 능력과 역량을 진단하고, 직업상담소에서 다루어야 하는 다양한 문제를 올바르게 판단하고, 상식과 과학적 방법을 적용하고, 서비스의 요청에 따라 통찰력, 공감력, 이해력 및 제안 능력을 갖추고 적절한 상담을 할 수 있는지를 검증한다. 그리고 난 후 수강생이 전문가로 일을 수행할 수 있는지를 판별하기 위해 수행된 실습 결과에 따라 전문가 자격증이 학기 말에 주어진다.

직업상담사는 존경과 자신감을 불러일으키는 성숙한 판단력, 인격과 성품을 갖추고, 역사, 윤리, 경제에 대한 지식을 포함한 일반 교육을 받은 것 외에도 다음과 같은 점을 갖춰야 한다.

(1) 현대 심리학의 기본 원리와 방법에 대한 실무 지식
(2) 인간의 삶을 통제하는 지배적인 동기, 흥미 및 포부를 이해하고, 성격의 중요한 요소의 존재 여부에 따라 나타나는 증상을 인식할 수 있는 것과 같이 상당히 많은 인간의 다양한 유형과 단계에 있는 인간 본성을 가진 사람과 친분을 쌓기 위해 인간적으로 만났던 충분한 경험
(3) 매우 중요한 요소로는 공감하고, 진지하고, 탐색하고, 솔직하고, 도움이 되고, 유인력 있는 방법으로 청년을 대하는 능력. 동정심, 솔직함, 도움을 주고자 하는 진정한 열정과 반대로 재치, 지적인 이해력, 일종의 창의력과 제안 능력도 필수 요소
(4) 다양한 산업 분야에서 성공의 요건과 보수, 전망, 장점, 단점 등에 대한 지식
(5) 다양한 직업을 준비하고 능률을 개발하기 위한 학습 과정과 방법에 관련된 정보
(6) 과학적인 방법 즉 원칙과 원인을 규명하고 사실을 분류하여 정확한 결론을 내리는 조사의 분석과 원칙. 상담사는 각각의 사례와 관련된 본질적인 사실과 원칙을 인식하고, 실제 관계에 따라 그것을 분류하고, 그들이 인정하는 결론을 끌어낼 수 있어야 하는 점

14. 보충 자료

지금까지 직업상담소에서 사용하는 대부분의 문서와 자료들은 앞에서 제시하고 설명하였다. 이러한 일을 수행하려는 창의형 또는 탐구형의 사람에게는 많은 추가적인 내용이 더 필요할 것이다. 훈련을 위한 수습과정과 관련해서 충분한 자료를 가지고 있는 것이 중요하다. 상담사는 자신이 있는 지역과 또는 다른 지역에 있는 직업 교육기관에 대한 모든 정보를 가지고 있어야 한다. 청년이 훈련을 받으면서 자립을 할 수 있는 기회를 얻고 자신의 문제와 관련된 모든 교육적 이점을 한눈에 볼 수 있도록 지역사회에 있는 직업과 관련된 훈련 내용을 주간, 야간 모두를 포함하여 표로 정리해야 한다. 지역 및 계층별 직업소개소를 철저히 파악해야 하며, 상담사가 이러한 일반적 특성을 완전히 익힐 때까지 신문의 채용정보란을 이용해야 한다.

상담사가 내담자의 기억력이 기준 미만인 것을 알게 된다면, 기억력 향상 방법과 그로부터 최선의 결과를 확보하는 방법에 대한 인쇄물을 제공하고, 숙달, 파악, 효율적인 수행의 기초가 되는 방법과 기억의 중요성을 강조하는 간단한 상담을 한다.

대부분 '생애 설계를 위한 안내 Suggestions for a Plan of Life'라고 불리는 소책자도 제공되는데, 여기에는 사용자가 활용할 수 있는 충분한 구술 지침이 포함되어 있다. 이것은 방향 없는 배처럼 인생을 배회

하지 않고 잘 계획하여 그에 부응하며 살아가게 만드는 가치와 전방위적이고 균형적으로 발전하는데 필수적인 요소에 중점을 두고 만들어져있다.

이에 못지않게 중요한 것은 시민으로서의 관심을 발전시키는 방향으로 일을 하는 것이다. 청년은 자신이 국가의 주도적인 인물 또는 핵심 인물 중 한 사람이거나 곧 그렇게 될 것이라는 사실에 강한 자극을 받게 된다. 이는 시민으로서의 역할이 직업만큼이나 중요하며, 전인적인 성인이 되는 것을 목표로 세우고, 생계를 유지하는 것은 삶의 한 일부분일 뿐이며, 일을 잘하는 직업인이 되는 것뿐만 아니라 훌륭한 시민이 되기 위해서 열심히 공부해야 한다는 것에 의심할 필요가 없다.

이와 관련하여 '시민 안내서Civic Suggestions' '청년에게 보내는 링컨의 메시지Lincoln's Message to Young Men' '의회법 분석Analysis of Parliamentary Law'이라는 제목의 직업상담소 홍보물은 매우 유용하다. 특히 '의회법 분석'은 청년이 마을 회의, 청년 회의, 토론회 등의 토론에 참여하거나, 의장으로 소집될 경우 스스로 공신력 있게 회의를 주재할 수 있도록 한다. 아마도 청년에게 시민권과 시민 정부에 관한 Dole과 Fiske나 Bryce의 「미국 연방American Commonwealth」이라는 책부터 읽기 시작해서 이와 연계하여 Wendell Phillips의 유명한 연설과 Albert Shaw, Zueblin, Howe, Steffens의 업적과 Lincoln, Washington, Roosevelt의 메시지, 「신탁에 대한 진실The Truth About the Trusts」, 「공공의 부에 대항하는 부Wealth against Commonwealth」, 「노사협의Labor Copartnership」, 「뉴질랜드 이야기The Story of New Zealand」 등과 같은 중요한 문제를 다룬 서적들과 역사, 경제, 사회학에 관한 몇 권의 주요 서적을 읽고 분석하도록 안내할 수도 있다.

이제 막 직업상담소를 접하게 되는 사람들에게는 '청년용, 재직자용, 고용주용, 사무국용'의 4가지 홍보물이 도움이 될 것이다.

홍보물은 다음과 같다.

고용주용

노동력의 비효율성, 변동성과 고용 비용, 훈련의 낭비, 낮은 수준의 서비스에서 수반되는 비용을 이미 경험했으리라 생각됩니다. 이 비용은 청년층의 적합성을 거의 또는 전혀 고려하지 않거나 적절한 준비 또는 명확한 목적이나 능력 발휘, 헌신, 발전을 보장하기 위해 잘 고려된 계획 없이 아무렇게나 고용하는 무계획적인 방법 때문에 대부분 발생합니다.

직업상담소는 직업 선택, 직업 준비, 학교에서 일터로의 전환에 있어 전문가의 상담과 지도를 통해 이러한 상황을 개선하는 현실적인 조치를 취하기 위한 첫 번째 시도입니다.

직업상담소는 고용주와 협력하여 근로자의 역량을 향상하고 상태를 개선하기 위한 노력과 더불어, 직업을 현명하게 선택하고, 이를 신중하게 준비하여 적합한 산업에서 고용의 기회를 찾도록 도와줍니다.

이러한 과정에 채택된 주요 방법은 다음과 같습니다.

1. 자기 분석 Self-Analysis.   내담자는 자신의 적성, 능력, 포

부, 준비과정, 자원 및 한계를 명확히 깨닫고 다양한 직업에서 성공하기 위한 자격요건과 자신의 상황과의 관계를 파악해야 합니다. 집을 지을 때 건축가의 조언에 따라 문제를 해결해야 하는 것처럼, 진로 설계를 계획하고 과학적으로 생애 문제를 다루기 위해 연필과 종이를 가지고 앉아 전문적인 정보와 상담을 해 본 적이 거의 없습니다.

2. 정보 Information. 다양한 산업에서의 성공 조건, 입사 자격요건, 보수, 현황과 전망, 사전 준비와 개발 방법에 관련된 정보는 우리의 업무에서 중요한 부분입니다. 즉, 다양한 업무 분야의 기회에 관한 구체적인 정보는 청년이 적절히 배치되는데 도움을 받을 수 있도록 합니다. 고용주는 특정 업무에 필요한 능력과 성격을 가진 유형을 확보하는 데 도움을 받을 수 있습니다. 고용 기회와 능력의 보다 주의 깊은 상관관계로 인한 사회적, 산업적 이익은 헤아릴 수 없이 많습니다. 그러나 오늘날 우리는 숙련된 또는 미숙련된 노동력을 적합하게 분배하는데 계획 없는 방법으로 헤매고 있을 뿐입니다.

3. 격려 Stimulation. 격려도 마찬가지로 중요합니다 모든 청년에게 멋진 포부가 있는데, 이 포부에 맞는 지식을 찾도록 돕고 지지해준다면, 자신의 삶을 좌지우지할 수 있을 만큼 강하고 확실하게 성장해 나갈 것입니다. 자신의 능력 발휘와 사회적 그리고 경제적 가치, 결과에 따른 혜택이 어떻게 향상하는지 보여주고 노력한 것에 대해 높이 평가하면, 자기 계발 방법을 억지로 강요할 필요가 없습니다.

4. 협력 Cooperation. 직업상담소는 내담자가 필요로 하는

교육을 확보하고, 적합하거나 적합할 것 같은 일자리를 찾기 위한 노력에 적극적으로 협조할 것입니다.

5. 체계적인 지도와 지원 Systematic Guidance and Help. 일반적으로 학교생활 이후에 지속되지 못한 체계적인 지도와 지원은 직업상담소를 통해 직장생활로 이어질 수 있습니다. 그렇게 하면 학교에서부터 일터 사이에 단절이나 공백이 없게 되고, 미래에 대한 확실한 계획을 세워서 어떤 일에서 다른 일로 가는 길이 매끄럽고 확실한 경로와 그 일을 수행해내기 위해 더 충분한 사전 준비를 하게 되고, 더 많은 능력 발휘를 하는 성과가 있을 것입니다. 중·고등학교를 졸업할 때까지 매우 정성을 다해 지도했지만, 산업에 대한 현실적인 정보나 예측도 없이 이 복잡한 세상에 던져서 도태되거나 헤매게 합니다. 진정으로 학교에서 직장으로의 전환보다 더 세심한 조언과 가르침이 필요한 시기는 없습니다.

요약하자면, 직업상담소의 목적은 상황에 맞고 올바른 방향 설정과 과학적인 직업 선택과 적응입니다. 상황에 따라 되는 대로 계획 없는 선택, 우연이나 변덕에 의해서 또는 정보에 입각하지 않고 선택한 많은 경우에 완전하게 적응하지 못하고 능력을 발휘하지 못하는 결과를 초래하고 있습니다.

직업상담소는 다양한 산업의 채용 기회와 일에서의 성공 조건과 관련해서 가능한 완전하고 확실한 정보를 확보하는 것과 직업상담소의 사무국장 또는 대표가 근로자 집단과 대화할 기회를 가질 수 있도록 고용주와 협력하고 있습니다.

재직자용

만약 나의 가능성을 분석하고, 내가 노력을 기울이고 있는 분야에서의 성공의 조건과 내가 할 수 있는 가장 큰 성공을 이루기 위한 최선의 방법을 선택하고 적용하는 것에 대한 전문가의 상담을 원한다면, 나의 경제적 가치의 향상과 근무 환경의 개선을 통해 자신은 물론 대중에게 이익이 되도록 직업상담소는 기꺼이 도움을 드리겠습니다. YMCA, 경제클럽, 여성교육산업협회 등과 시민복지회관이 협력하여 시행하는 사회사업의 일환으로 무료로 진행됩니다.

지금 하는 일에 적응하지 못하고 있다면, 직업상담소는 어떤 직업이 자신의 역량과 능력에 더 적합한지를 결정하고 이를 사전에 준비하고 성공적인 경력을 쌓는데 가장 적합한 방법을 선택할 수 있도록 도와드립니다.

청년용

학생들 그리고 앞으로 어떤 일을 해야 할지 고민하는 사람들
앞으로 종사해야 할 사업 분야, 전문 분야, 상거래 분야, 근로 분야의 현명한 선택과 선택한 직업에서 성공적인 경력을 쌓는 것은 나와 모든 사람에게 매우 중요한 일입니다. 나의 이러한 중요한 문제들은 나의 적성, 능력, 포부, 가용자원, 한계와 관련되고 이러한 요소들이 다양한 산업에서 성공하는 조건과 연관되기 때문에 주의 깊고 과학적인 방법으로 해결되어야 합니다. 다양한 직업과 관련하여 자신이 알고 있는 지식, 기회, 자격요건, 보상, 현황과 전망 등을 명확하게 아는 것은 필수적입니다. 그 일에 도달할 수 있는 최선의 준비 방법과 다른 사람이 성공한 방법에 대한 체계적인 정보 또한 가장 유용할 것입니다.

상담, 지도, 정보 및 협력을 사용하여 이 모든 문제해결을 돕기 위해 직업상담소가 설립되었으며 서비스는 무료입니다.

많은 사람이 이미 자신의 능력과 가용자원에 가장 잘 맞는 사업과 근로 분야로 자신의 진정한 직업을 발견하고 그 직업에서 능력을 발휘하고 성공에 이를 수 있는 방법을 찾는 것에 도움을 받았으며, 이러한 청년들 각자의 경험은 다른 사람들이 앞으로 가야 할 길을 밝히는 데 도움을 주었습니다.

중학교, 고등학교, 대학교를 떠나 사회생활을 하게 될 학생 대부분은 학창시절에 받았던 지도가 중단됩니다. 그러나 학교에서 사회생활로 전환하는 시기는 현명한 상담과 전문가의 도움이 가장 필요한 시기입니다.

주택이나 사업 단지를 건설할 때 적절하고 유리한 부지를 신중하게 선정하기 위해 건축사나 건축 전문가의 도움을 받아 계획하려는 생각을 하지 않는 사람은 아무도 없을 것입니다. 경력을 쌓는 데 있어 현명한 장소를 정하고, 기초를 제대로 다지고, 신중하고 과학적인 계획을 세우는 것이 매우 중요합니다.

항해를 할 만한 가치가 있는 항구에 도착하지 않고 무턱대고, 우연히, 가까이 있어서, 정보 없이 선택하기보다는 나침반과 도표를 가지고 항해하는 것이 훨씬 낫다는 것을 기억하기 바랍니다.

생애 설계를 위한 안내[23]

상황과 인간 행동의 **법칙**과 **원인**을 연구하고, **사실** 뿐만이 아니라 **원칙**을 파악하며, 다음과 같은 분석에서 언급된 다양한 삶의 가치와 관련된 **방법**, **시스템**, **균형** 및 **개발**에 가장 신중히 참여하십시오.

건강: • 신선한 공기 – 생명은 용광로와 같아서 산소 공급을 위해 심호흡하고 창문 열기 • 좋은 음식 – 적당한 양과 다양한 음식을 잘 먹기 • 운동 – 매일 땀을 흘릴 정도의 규칙적인 습관 • 목욕 • 휴식 • 의복 – 따뜻하고 편안한 옷 • 좋은 사회 • 좋은 본성 • 정직한 양심 • 진심 어린 목적의식	장수 힘 신체·마음·영혼의 성장	얼음물, 차, 커피, 담배, 알코올 중독자와 너무 친해지지 말기 과잉, 방탕, 질병을 피하기 약물과 의사와 관련해서 매우 신중하기
활동: • 다양한 분야의 양과 질의 균형 • 국민으로서와 개인으로서의 다른 점	시험이 아니라 배움의 힘을 위한 평생 교육	

---

[23] 출처: 1905, Frank Parsons.

성장: • 습관이 되고 자동으로 움직이도록 체계적이고 끈질긴 노력을 통해 향상된 힘, 능력, 성향	절제와 자제력으로 완화된 열정	게으르게, 느리게, 부주의하게, 진보적이지 않게 행동하지 않기
사고방식: • 기억, 이성, 상상력 • 관찰하기, 읽기, 대화하기, 분석하기, 요약하기 • 원칙과 원인 발견하기 • 진실을 발견하고 올바른 결론에 도달하는 방법 습득하기 • 결과를 반복해서 확인하기 • 좋은 책의 내용을 수용하기 • 나와 타인을 이해하기 위해 심리학과 인간 본성의 원칙을 공부하기 • 지식을 정리하기 • 단체와 조직에서 당신의 지시에 대한 사실과 원칙을 갖기 • 배운 것을 축약하고 숙달하여 활용하기 • 상상력과 창의력을 배양하기 • 내면의 빛을 주시하기 • 호기심을 잃지 말고 과학적인 방법을 활용하기	단순함, 확실성, 폭넓음 균형, 비율, 적응, 강조 조정과 균형 형식과 상황보다는 실체와 원인을 고려	관찰하거나 추론을 할 때 잘못된 논리, 편견, 공허하고 성급한 결론, 잘못된 방법 피하기 쓰레기 같은 글을 읽지 않기
성격: • 진실, 동정, 정의 • 정직하고, 진실하고, 믿을 수 있고, 신속하며, 효과적인	상냥함을 유지하고 올바르게 하는 행동	고집스럽고, 무례하고, 우격다짐하듯 하고,

	• 약속 잘 지키기 • 자신의 생각대로 행동하지만, 정의롭고, 수용적이고, 개방적이고, 관대하기 • 상당히 일관되게 대하기 • 솔직하고, 친절하고, 동정적이고, 협조적이고, 진보적이고, 성격 좋고, 명랑하고, 근면하고, 성실하고, 끈기 있고, 긍정적이고, 겸손하기	윤리는 황금률The Golden Rule*의 축소판	제멋대로하고, 부주의하고, 수용적이지 않고, 신뢰할 수 없고, 정직하지 않게 굴지 않기
C.Z.	• 다른 사람이 싫어하는 것은 스스로 무시하기 • 근육과 정신력을 발달시키는 것처럼 매일 연습함으로써 바람직한 성격 요소 개발하기 • 나의 성격의 결함에 대해 주의를 환기시켜 나를 도와주는 친구 사귀기	행복: 감각의 즐거움, 무언가 하는 즐거움, 소유의 즐거움, 배움의 즐거움, 동정과 사랑의 기쁨, 고귀한 목적에 헌신하는 기쁨	부당하게, 불친절하게, 무분별하게, 바보같이, 비관적으로, 투덜대는, 잔인하게, 동정심이 없는, 위압적이게, 무례하게, 성급하게, 참을성 없이, 불합리하게, 사실이 아니게, 어리석게, 자만하는, 무절제하게, 안팎이 다르게, 탐욕스럽게, 속물적으로, 과장하듯이, 멋 부리는, 방탕하게, 너무 비판적이게, 품위 없게, 심술궂게, 의기소침하게, 독단적으로, 독재적으로, 경솔하게,
	직업: • 당신의 직업을 신중하게 선택하고 철저하게 숙달하기 • 돈을 벌되, 돈을 숭배하거나 노예가 되지 않기 • 돈은 삶을 위한 것이지 돈을 위해 사는 것은 아니다. **취미**: • 일과 삶의 균형 맞추기	자기희생이 아니라 더 높은 자아를 위해 낮은 자아를 희생하는 것이 비법	

매너: • '성격'을 바꾸는 C.Z.를 반복하기	힘, 봉사, 사랑, 아름다움, 유머, 고상한 목표	인색하게, 이기적으로, 느리게, 난잡하게, 기만적으로, 파괴적으로, 반항하는, 더디게, 비능률적으로, 비겁하게, 줏대 없이, 지나치게 자부심이 강하게, 과도하게 공격적으로, 위선적으로, 자기만에 빠져 있지 않기
기량: • 예술에 관한 대화 • 화법 • 내면으로부터 빛나는 아름다움	역사, 전기, 소설, 시, 웅변, 음악과 예술	
관계: • 우정, 결혼, 가족생활, 시민의 자질, 사업 및 사회생활 • 감정뿐만 아니라 판단력, 주의력, 상식, 시스템을 모두 잘 활용하기	일, 놀이, 아이들, 동물, 사람	
• 말을 선택할 때처럼 배우자의 선택도 조심성 있게 하기 • 아이를 키우는 것은 꽤 복잡하고 어렵고 기관차를 운전하는 것만큼 많은 준비가 필요	자연 과학, 가정, 사업, 학교, 정부, 교회, 사회, 극장, 여행	
• 시민의 자질은 최선의 생각을 요구하므로 우리가 살고 있는 시대의 변화와 현재의 문제를 이해하고, 시민 공동체의 의무를 다하기	동정심, 사랑, 헌신적인 봉사	
이상: • 개인적인 것과 사회적인 것, 활동적이거나 그렇지 않거나, 종속적이거나 지배적인 것 등 • 이상은 나의 삶과 국가의 법과 제도를 굳건하게 만드는 힘을 가지고 있음	지나친 개인주의가 아니라 품위 있게 협력하는 개인주의	

• 역사의 모든 위대한 움직임은 그것이 현실화하기 전에 이상적이었음 • 진정한 이상을 형성하도록 관심을 가지고, 정의와 인류애가 조화를 이루도록 타인을 돕고, 가정뿐 아니라 회사, 정치, 사회생활에서도 자신의 이상을 최대한 적용하기	정복과 지배가 아닌 형제애와 상호주의

* 기독교의 기본 윤리관으로 기원을 알 수 없으나 3세기 로마 황제 세베루스 알렉산데르가 이 문장을 금으로 써서 벽에 붙인 데에서 유래한 것으로 알려져 있다. 남에게 대접받고자 하는 대로 남을 대접하라는 말로 황금처럼 고귀한 윤리임을 의미한다. 신약성서 마태복음 7장 12절 "너희는 남에게 바라는 대로 남에게 해주어라." 누가복음 6장 31절 "남에게 대접을 받고자 하는 대로 너희도 남을 대접하라." (역자 첨부)

기억력[24]

기억력 사용과 향상의 원칙과 방법

기본적인 신체적 특징
생리적인 유지력, 합리적인 일관성을 가진 지적 능력
건강과 체력 상태에 관한 관심과 확실한 훈련으로 기억력이 향상된다.

선택
모든 것을 다 기억할 수는 없다.

---

[24] 출처: 1905, Frank Parsons.

분석
본질: 중요한 사실과 원칙
압축: 핵심을 쉬운 용어로 줄이고 핵심 단어로 이름을 붙인다.
형태: 순서, 원인, 하위 등의 관계에 따라 배열하고, 요약, 도표 또는 그림으로 그린다.

연상
기억의 생리학적 법칙
1. 마음속에 이미 단단히 고정되어 있거나 관심이 컸던 생각들이나 다른 아이디어를 새로운 생각과 연결해본다.
2. 사실을 분류하거나 유사한 사실과 연결하거나 대조하여 묶는다.

저장
1. 가장 중요한 핵심
2. 시각, 청각, 말하기 및 쓰기 등을 통해 핵심을 다중 등록
3. 시간과 방법

집중
외워야 할 것에 정신을 모으고 집중

강조
깊은 인상을 남기기 위한 신체적인 긴장 상태

반복
두뇌 더 깊은 곳에 새기고 습관을 형성

반영
그 문제에 대해 숙고하고, 이리저리 살펴보고, 다방면으로 보고, 그것으로부터 추론하는 것 등

흥분하거나 감정을 자극하는 상황에서 사용하고, 표현하고, 연습해보기
강한 흥미를 느끼거나 감정을 자극하는 상황에서 기억하고 싶은 것을 누군가에게 말해보세요. 이 방법을 일을 하거나 쉴 때 사용하세요. 기억한 것을 토대로 학습 강좌나 일 처리 또는 몇몇 작업을 수행해보세요.
공부나 암기 등이 익숙해지도록 해 보세요.

특별한 요령
1. 순간 들었던 감정에 휘말려서 생각을 잊어버리지 말고 항상성을 유지한다.
2. 결과에 도달할 때까지 지치지 않게 한다.
3. 벼락치기 하지 않는다.
4. 무의식적 두뇌 작용을 사용한다.
   취침시간, 식사시간 등
5. 관심, 습관, 자동으로 일어나는 행동 등의 심리적 법칙의 장점을 활용한다. 실천해보면 활력과 즐거움이 증가한다.

가능하다면 매일 주어진 시간에 가능한 깊은 생각에 잠겨 마음속에 가득 찰 정도로 떠오르게 하는 의미 있는 분석을 연습한다.
6. 독서 모임이나 문화 모임을 결성하거나 가입하여 선택과 분석을 하는 일을 서로 나누고, 자극과 교류를 통한 정서적 지지를 확보한다.
7. 핵심 단어를 묶어서 꾸준히 사용한다.
8. 메모와 기록을 사용하여 꼭 필요하지 않은 것에 대해 생각하는 것을 줄이고, 꼭 필요한 것은 왜곡되지 않도록 기록으로 남겨놓는다.

시민 안내서

어떤 사람이 사업에서 성공하고 돈을 아무리 많이 벌어도 또한 이렇게 하는 일에서 아무리 올바르고 능력을 발휘하고 있어도 시민의 권리와 특권 그리고 의무와 책임에 완전히 충실하지 않거나 선량한 시민이 아니라면, 기껏해야 완성되지 않은 반쪽의 사람일 뿐입니다. 사회적 이익을 위해 전혀 노력하지 않고 오직 자신의 빵과 버터만을 얻기 위해 노력하는 사람은 겉으로는 실제 인간의 모습을 하고 있지만 굴의 생태계 the oyster stage of civilization*를 사는 것 이상으로 성숙하지 못한 모습입니다.

시민 생활에서 당신의 역할은 당신의 직업만큼이나 중요하고 의심할 여지 없이 필수적입니다. 사람답게 사는 것이 진정한 목적입니다. 생계를 유지하는 것은 전체요소 중 극히 일부분일 뿐입니다. 당신은 훌륭한 일꾼일 뿐만 아니라 훌륭한 시민이어야 합니다. 한쪽만 살아 움직이고 다른 한쪽은 기능하지 못하는 것을 원하지 않습니다. 당신은 국가의 주요 인물 또는 핵심 인물이거나 곧 그렇게 될 것입니다. 여러분은 공공사업이 어떻게 이루어지고 있는지 알아야 하며, 국민 앞에 놓여 있는 중대한 문제를 이해하고, 좋은 정부와 도시 개선을 보장하고, 당대의 중요한 문제들에 대한 진정한 해결책을 홍보하는 데 자신의 몫을 다해야 합니다. 이러한 점에서 다음의 몇 가지 구체적인 제안이 유용할 것입니다.

1. 가끔 입법부와 시의회 또는 도의회를 방문하여 법과 조례가 어떻게 만들어지는지 절차를 살펴보세요. 입법 위원회 이전에 중요한 조치에 대한 청문회에 참석해 보세요. 법을 만드는 사람들은 당신을 위해 일하는 사람이고, 당신은 그들이 일을 어떻게 하는지 제대로 하고 있는지 아닌지 알아야 합니다. 시청의 시 명부와 주 의회 의사당의 주 의회 지침서를 받아 보세요.
2. 상급 법원으로 가서 민사 사건의 배심 재판을 참관해 보세요. 그런 다음 대법원을 찾아가 판사의 변론을 듣습니다. 우체국 건물에 있는 연방 법원 구역도 방문해 보세요. 사법 절차에 따라 법을 집행하는 과정을 본 후에는 주 의회 법학도서관에 가서 Massachusetts 대법원과 미국 대법원의 유명한 판결문을 읽어보는 것도 좋을 것입니다.
3. 정치 및 경제 문제에 대한 중요한 강연과 토론에 참석하고,

가능하면 공공의 문제가 논의되는 일부 단체, 경제 클럽, 시민 클럽, 20세기 클럽, 시민복지회관 포럼, YMCA 총회 또는 건전한 토론 모임에 참여해 보세요.

4. 리뷰 오브 리뷰즈The Review of Reviews, 아레나The Arena, 아웃룩The Outlook, 리터러리 다이제스트The Literary Digest, 퍼블릭The Public, 월드즈 워크The World's Work 등 최고의 잡지에서 시사 및 정치적 의견의 요약본을 읽어보세요. 리뷰 오브 리뷰즈The Review of Reviews, 아레나The Arena의 만평을 신중히 들여다보세요. 그리고 정치적 견해와 정부조직의 각 부문을 대표하는 신문 중 적어도 하나의 좋은 신문에서 시민 사설을 읽어보세요.

5. 언론에 공공의 일에 대한 당신의 견해를 표현하는 편지를 보내세요. 또한 시장과 주지사 그리고 다른 도시 또는 주 공무원들과 시청, 주 의회, Washington 등지에서 당신을 위해 일하는 이들에게 편지를 써서 당신이 지켜보고 있다는 것을 알 수 있도록 하고 중요한 조치에 대한 찬반 의견과 태도에 대한 이유를 적어보세요. 국가, 주정부, 지방자치단체장만큼이나 애국적이고 계몽적인 의무감으로 이러한 시민활동을 하게 될 시민이 많으면 많을수록 입법자와 공무원의 지도에 이용할 수 있는 여론이 더 확실해지며 깨어있는 시민의 관심에 비추어 공공의 이익을 위해 정직하고 활기차게 실행하는데 더 큰 동기 부여가 될 것입니다.

6. 고여 있는 물, 쓰레기 더미, 비위생적인 건물, 전염성 질병, 불량식품 또는 기타 건강하지 않은 상태를 보건 위원회에 알

리세요. 우리 이웃을 돌보는 진정한 애국심은 가까이에서부터 시작됩니다.

7. 시민으로서의 독자적인 사고와 유용성을 위한 탄탄한 기반을 형성하기 위해 시민권, 정부, 경제, 당대의 주요 공공의 문제에 관한 최고의 책을 공부하세요. 가능하다면 정치학, 경제학, 사회학 과목도 들어보세요. 낮에 공부를 못하는 사람을 위한 야간 과정도 있습니다.

상담사와 협의하여 아래 목록에서 좋은 책을 선정하고, 토론과 해결을 위해 정부, 경제, 역사, 그리고 국민 앞에 놓인 주요 문제에 대한 체계적인 분석 과정을 시작해보세요.

「미국 시민The American Citizen」 Charles F. Dole
「젊은 시민The Young Citizen」 Charles F. Dole
「민주주의의 정신The Spirit of Democracy」 Charles F. Dole
「새로운 미국인들을 위한 시민 독자Civic Reader for New Americans」 Meyer Bloomfield, Charles F. Dole 등
「미국의 시민 정부Civil Government in the United States」 John Fiske
「고급 시민학Advanced Civics」 Forman
「정부The Government」 S. S. Clark
「시민 정부Civil Government」 George H. Martin
「미국의 정치적 사상American Political Ideals」 John Fiske
「미국 연방The American Commonwealth」 James Bryce
「영국의 자치 정부Municipal Government in Great Britain」

Albert Shaw
「유럽 대륙의 자치 정부Municipal Government in Continental Europe」Albert Shaw
「주정부The State」Woodrow Wilson
「민주주의와 사회 윤리Democracy and Social Ethics」Jane Addams

Lincoln의 게츠버그 연설
Washington의 퇴임 연설
Roosevelt 대통령의 메시지
진보적 조치, 신탁 및 노동법, 기업 통제, 산업 중재, 소득세 및 상속세, 우체국 저축은행 등에 대한 강력한 제시

「세계 정치World Politics」Paul S. Reinsch
「세계 기구World Organization」Raymond Bridgman
「세계 구성Organize the World」Edwin D. Mead
「애국주의와 새로운 국제주의Patriotism and the New Internationalism」Lucia Ames Mead

「일반 역사General History」Myers
「현대사Modern History」Myers
「미국 역사United States History」John Fiske
「영국인의 짧은 역사Short History of the English People」Graham Greene

「19세기의 유럽Europe in the Nineteenth Century」 Harry Pratt Judson

「경이로운 세기The Wonderful Century」 Alfred Russel Wallace

19세기의 위대한 발명과 업적에 대한 감동적인 언급

「19세기의 위대한 운동Great Movements of the Nineteenth Century」 Frank Parsons

「뉴질랜드 이야기Story of New Zealand」 Frank Parsons

뉴질랜드의 산업 중재 수립법, 노령 연금, 공공 탄광, 누진적 토지 가치, 소득 및 상속세, 우체국 저축은행, 정부 대출 기관, 화폐 제도 공개념, 정부 철도, 국가 고용 사무소, 공영 보험 등

「영국이 혁명을 피한 방법How England Averted a Revolution」 Benjamin Orange Flower

곡물법 반대 시위에서 소책자와 연설을 이용하여 무력 행동을 피할 수 있었던 교육 캠페인

「연방주의자The Federalist」 Hanry Cabot Lodge 상원 의원

Washington, Jefferson, Hamilton, Sumner 등 미국 정치가 시리즈

「연설 및 강의Speeches and Lectures」 Wendell Phillips

「에이브러햄 링컨의 짧은 생애Short Life of Abraham Lincoln」 John G. Nicolay

「벤저민 프랭클린의 자서전Autobiography of Benjamin Franklin」 Benjamin Franklin
「시어도어 루즈벨트Theodore Roosevelt」 Jacob Riis

「경제 개요Outlines of Economics」 Richard. T. Ely
「경제 원리Principles of Economics」 Edwin. R. A. Seligman
「정치 경제Political Economy」 Francis A. Walker
「경제학의 원리Principles of Economics」 Alfred Marshall
「경제 연구소Institutes of Economics」 Elicha Andrews
「새로운 정치 경제The New Political Economy」 Frank Parsons
「노동 협력Labor Copartnership」 Henry D. Lloyd
「부의 분배Distribution of Wealth」 John R. Commons
「유통 경제학Economics of Distribution」 John A. Hobson
「현대 자본주의의 진화Evolution of Modern Capitalism」 John A. Hobson
「신탁에 관한 진실The Truth About the Trusts」 John Moody
「신뢰 문제The Trust Problem」 Jeremiah W. Jenks
「공공의 복지에 대항하는 부Wealth Against the Commonwealth」 Henry D. Lloyd
Standard Oil과 관련된 내용
「Standard Oil Trust의 역사History of the Standard Oil」 Ida M. Tarbell
「Erie의 시대Chapters of Erie」 Charles Francis Adams

「철도, 신탁 및 사람The Railways, the Trusts, and the People」 Frank Parsons

「위대한 철도의 전략The Strategy of Great Railroads」 Frank Spearman

「철도 문제The Railway Question」 Alpheus Beede Stickney

「철도 문제The Railroad Question」 William Larrabee

「철도의 국가 통합National Consolidation of Railways」 George Henry Lewis

「일반 화물 및 여객 우편A General Freight and Passenger Post」 James Lewis Cowles

「시 독점Municipal Monopolies」 Edward W. Bemis, John R. Commons, Frank Parsons 및 기타

「국민을 위한 도시The City for the People」 Frank Parsons
공공 소유, 직접 입법, 직접 지명, 비례대표, 우선 투표, 도시 주택 규칙, 이상적인 도시 헌장

전국시민연합위원회의 공영 소유권 보고서Public Ownership Report of National Civic Federation Commission, 특히 요약본 i.

「도시의 수치The Shame of the Cities」 Lincoln Steffens

「민주주의의 희망 도시The City the Hope of Democracy」 Frederick C. Howe

「미국 시정 발전American Municipal Progress」 Charles Zueblin
「반쪽은 어떻게 사는가How the Other Half Lives」 Jacob Riis
「슬럼과의 전투The Battle with the Slum」 Jacob Riis
「도시와 도시의 개선The Improvement of Towns and Cities」 Charles M. Robinson
「도시 황야The City Wilderness」 Robert A. Woods 외
「변화 중인 미국인Americans in Process」 Robert A. Woods 외

「노예들이여 일어나라Up from Slavery」 Booker T. Washington
「진보와 빈곤Progress and Poverty」 Henry George
「회상하기Looking Backward」 Edward Bellamy
「메리 잉글랜드Merrie England」 Robert Blatchford
「사회주의에 대한 탐구An Inquiry into Socialism」 Thomas Kirkup
「사회주의와 사회 개혁Socialism and Social Reform」 Richard T. Ely
「양자 사회주의Bi-Socialism」 Oliver Trowbridge
「사회적 불안Social Unrest」 John Graham Brooks
「오래된 것을 위한 새로운 세계New Worlds for Old」 Herbert. G. Wells
「사회학의 기초The Foundations of Sociology」 Edward A. Ross

「사회 통제Social Control」 Edward A. Ross
「실용 사회학Practical Sociology」 Carroll D. Wright
「동적 사회학Dynamic Sociology」 Lester F. Ward

관심 있는 주제에 대한 주요 잡지의 기사를 찾으려면 공공 도서관의 정기간행물에 있는 '풀즈 인덱스Poole's Index'와 '리더스 가이드The Reader's Guide'를 참조하십시오. 다음 내용도 알아두면 참고가 될 것입니다.

「세계 연감The World Almanac」
「정치가의 연감The Statesman's Year Book」
「시립 연감(영어)The Municipal Year Book(English)」
「호주 핸드북The Australian Handbook」
「미국 정치 및 사회 과학 아카데미의 연대기The Annals of the American Academy of Political and Social Science」
「전국 시 연맹, 미국 시 자치 연맹 및 전국 시민 연맹의 보고서Reports of the National Municipal League, the League of American Municipalities, and the National Civic Federation」
Bliss의 「사회개혁의 백과사전(1908년 판)Cyclopedia of Social Reform(Edition of 1908)」
Mulhall의 「통계 사전Dictionary of Statistics」
Poor의 「철도 지침서Railroad Manual」
「주간 상업 위원회 보고서Interstate Commerce Commission Report」

미국 상무부의 게시판Bulletins of the U.S. Department of Commerce and Labor

「의회 기록The Congressional Record」

「하원 및 상원의 절차 및 위원회 보고서Proceedings of the House and Senate and Reports of Committees」

「미국 인물사전Who's Who in America」

「센츄리 사전The Century Dictionary」

「유니버셜 백과사전The Universal Cyclopedia」

「미국 및 영국 법학 백과사전The American and English Encyclopedia of Law」

* 굴은 자신에게 필요는 없지만, 자기만을 위한 진주를 품고 있는 상황을 표현한 것으로 다른 사람에게 도움을 주지 않고 자신만의 이익을 추구하는 모습을 비유적으로 표현 (역자 첨부)

15. 상담사례

경험은 훌륭한 가르침을 준다. 이 분야에서 쌓은 나의 경험이 다른 사람들에게 값진 도움이 된다면 매우 기쁠 것이다. 나는 각각의 상담사례를 기록해 두었다. 기록할 가치가 없다면 그것은 사용 가치가 없는 것이다. 상담사례를 하나씩 작성하고 나서야 적절하고 올바르게 상담하고 있다고 느끼게 되었다. 여기에 선정된 상담사례는 직업상담 장면에서 다양한 방법과 해결책을 보여주고 있다.

| 사례 3 | **새내기 만화가** |

만화가가 되고 싶은 18세 직장인 청년은 Boston 고등학교를 졸업하였다. 튼튼하고 건강하고 활기차고 열정적이었다. 밝고 온화한 표정이었고 깔끔하고 예리한 눈매를 가지고 있었으며, 배려하는 태도를 보여주었다. 기억력 검사를 매우 잘 수행했고 상상력과 창의력을 가지고 있었고 연필로 그리는 것을 잘하였다. 스스로 역사와 과학에 관한 꽤 어려운 책들을 읽었다.

상담사는 이 청년이 만화가가 되고자 하는 자신의 포부를 펼치기 위해 도움과 격려를 받아서는 안 될 이유를 찾지 못했다. 따라서 상담사의 제안은 주로 실행 방법과 관련이 있다.

▍제안내용 ▍

1. 대형 스크랩북을 가져오거나, 마닐라지manilla paper로 직접 스크랩북을 만들어 보세요.

2. 친구들에게 '리뷰 오브 리뷰즈The Review of Reviews[25]'를 비롯해 최고의 만평을 싣고 있는 잡지 및 신문을 보내달라고 요청하세요. 자료를 잘라 동식물학자가 동물과 식물을 분류하듯이 관련된 항목에 따라 분류하세요. 항목별로 모은 후 스크랩북에 붙이세요. 만평의 제목이 될 만한 단어 또는 구절을 쓰세요. 만평 제목을 쓴 글의 목록을 항상 가지고 다닐 수 있게 만들어 놓으세요.

만약 가능하다면 하루에 2~3번씩 매일 스크랩북을 훑어보세요. 최고의 만평을 주의 깊게 살펴본 후 눈을 감거나 천장을 보고 그 만화를 떠올릴 수 있는지 살펴보세요. 기억을 더듬어 만화를 스케치하는데, 한 번에 하나씩 반복해서 그리고 매번 내가 그린 것을 원본과 비교하고 기억해 내서 원본과 같아질 때까지 계속 수정해 보세요.

차를 타고 있거나 어떤 곳에 있던지 잠시의 여유가 있을 때 만평 제목을 작성한 목록을 꺼내 그 글에 해당하는 그림을 빠르게 마음속에 떠올려 보세요.

다시 말해, 당신이 좋아하는 만화를 완전히 익히십시오. 즉, 그것들

---

[25] William Thomas Stead에 의해 1891년 런던, 1892년 뉴욕, 1893년 멜버른에 다국적 출판사를 설립하여 Review of Reviews, American Review of Reviews, Australasian Review of Reviews인 월간지를 발행하였다. Review of Reviews는 1936년까지, American Review of Reviews는 1937년까지 발행되었다. (역자 첨부)

을 여러분의 뇌와 손가락 끝에 각인시키세요. 산수를 공부할 때 구구단을 외운 것처럼 철저히 숙달하고 자신의 일부로 만드세요. 이러한 방법은 당신이 전문가로 갈 수 있는 과정입니다.

3. 매일 주요 신문의 머리기사를 보고 적어도 이삼일에 한 번 혹은 일주일에 한 번씩 가장 흥미롭게 생각하는 주제를 정하여 만화 작가들이 하는 것처럼 만평 형식으로 사람과 동물 등의 그림을 이용하여 자신의 생각을 표현하려고 시도해 보세요.

자신의 생각이 쉽게 그림으로 연결되지 않는다면, 스크랩북의 페이지를 넘기면서 내가 생각하고 있는 것을 명확하게 표현하는 것과 걸맞은 그림을 찾아보고, 그중에서 생각이 떠오르는지 살펴보세요.

내가 그린 만화와 스크랩북에 있는 것과 비교해 보세요. 특히 같은 부류, 원리 또는 작업방식의 만화인지를 비교하세요. 그런 다음 내가 그린 것을 개선하려면, 마음에 드는 그림이나 그 당시에 만든 최선의 작품이라고 생각이 드는 것을 선택해서 전문가에게 가져가서 비평을 부탁해보세요. 그의 의견에 따라 수정한 다음, 만평을 싣는 신문이나 잡지에 보내 출판할 수 있는지 확인해 보세요. 만약 잘되지 않는다면 게시될 때까지 다른 곳에 계속 보내 봅니다. 그렇지 않으면 게시할 수 없습니다.

매주 또는 할 수 있을 만큼 자주 시도해 보세요. 신중하고 끈질기게 그리고 적절한 노력으로 얼마 후 당신은 실제로 성공할 수 있을 것입니다.

상담사는 당신의 그림을 보면서 최선의 추가 의견을 말해주고 또한 당신의 작품에 대해 비평할 수 있는 유능한 예술가와 친해질 수 있도록 기꺼이 도와줄 것입니다.

4. 당신이 관심 있어 하는 직업 분야에서 직접적으로 공부하고 일하는 동안, Emerson의 「에세이Essays」와 몇몇 좋은 시와 함께 역사, 경제, 자연과학에 관한 좋은 책을 계속 읽음으로써 얻을 수 있는 장점이 있습니다. 이런 독서가 좋은 만화가가 되는 것 못지않게 중요한 이유는 사회의 구성원으로 존경받는 상류층과 훌륭한 시민으로 성장하는 데 도움이 될 뿐만 아니라, 다양한 상황의 생생한 이미지로 생각을 채우게 되고 공공의 문제와 시사의 중요성과 상황을 인식하는 힘이 생기게 되는 것으로 인해 당신의 전문성에 도움이 될 것이기 때문입니다. 자신이 하는 일과 관련해서 특수한 상황뿐만 아니라 그 외에 더 많은 것을 알아야만 어떤 일이나 전문 분야에서 일류 직업인이 될 수 있습니다. 자신의 전문 분야와 관련된 기술을 능숙하게 하고, 세상에 대해서 특히 인간 본성에 대해서 많이 알게 되면 자신의 일과 주변 사람들의 다양한 관심사 사이의 관계를 이해할 수 있을 것입니다.

사례 6 | **의사가 되고 싶어요**

의사가 되고 싶다고 말하는 19세의 청년은 병약해 보이고, 작고, 여위고, 볼이 움푹 패였고, 풀린 눈과 무표정한 얼굴을 하고 있었다. 상담을 하는 1시간 동안 웃지 않았으며 딱딱하고 축축한 손으로 악수를 했다. 목소리는 허스키하고 생기가 없었으며 직접적인 질문에 대답하는 것 외에, 그의 대화법은 "예~에"와 거센소리로 "예~에, 선생님"이라고만 말하는 것에 갇혀 있었다. '예'를 길게 발음하고 '에'를 거의 들리지 않게 하는데 이것은 성대를 거의 사용하지 않고 갑자기 아래턱을 툭 떨어뜨리면서 거친 숨소리를 내는 것으로 만들어진다. 상담사가 하는 말을 듣거나 그 말에 동의를 표현하고자 할 때 거친 소리로 "예~에, 선생님"을 지속적으로 사용하였다. 중학교와 야간 고등학교에 다녔고 공부도 잘하지 못했고 특별히 관심도 없었다. 기억력은 좋지 않고 정신력 검사 모든 영역에서 미달 수준이었다. 학교 교육 후에는 신문 외에 거의 어떤 것도 읽지 않았으며 모아둔 돈도 없고 친구도 거의 없었다. 외모가 단정하지 않고, 어떤 면에서도 매력적이지 않았다. 심지어 한밤중에 일어나야 할 수도 있고 증상과 치료법을 기록한 책의 내용을 기억해야 하는 의사 생활에 대해 아무것도 모르고 있었다.

    이 청년은 사람들이 존경할 만한 무언가가 되고자 하는 야망 외에는 어떤 열정, 관심, 포부도 없었고, 다른 어떤 것보다 쉽게 의사가 됨으로써 그 목적을 달성할 수 있다고 생각하고 있었다.

▌ 제안내용 ▌

그에 대한 탐색과 분석이 완료되고 그의 기록을 앞에 두고 상담사는 다음과 같이 말했다.

"이제 우리 서로 매우 솔직하게 이야기해 봅시다. 그래야만 이 대화가 가치가 있습니다. 제가 본대로 진실을 말해주길 바라시죠? 듣기 좋은 말보다 자기 자신과 본인의 가능성을 이해하는 데 도움이 되는 솔직한 대화를 하기 위해 나를 찾아온 거 아닌가요?"

"예~에"

"의사는 건강하고 강해야 한다고 생각하지 않으세요? 불규칙한 근무 시간, 야간 전화, 전염병 노출 등을 견디려면 활력이 넘치는 건강함이 필요하지 않을까요?"

"예~에"

"그런데 당신은 건강하지 않아 보입니다."

"예~에"(이 상담일지의 거의 모든 문장 뒤에 이 말이 반복되지만, 여기서는 요약을 위해 생략하였다.)

"그리고 당신은 의사가 갖춰야 할 밝은 태도가 보이지 않습니다. 당신은 내 질문에 대답하고 당신의 삶과 지난 일에 대해 말하는 내내 미소도 그 어떤 표정도 보이지 않았습니다. 악수할 때 당신의 손은 축축하고 깔끔하지 않았어요. 그리고 당신은 아무런 힘도 관심도 없이 내 손에 잡히기만 했죠. 막대기와 악수를 하는 편이 나을 것 같아요."

(상담사의 비판은 매우 솔직하고 단호했지만, 미소 지으며 말했고 말투는 꽤 온화하고 동정적이어서 청년이 불쾌하거나 거부감을 느끼지 않았고, 전체적으로 자신을 편안하게 해주려는 상담사의 솔직하고 친절한 관심에 끌리고 만족해하는 것 같았다.)

"당신은 따뜻한 미소, 친근감이 느껴지는 악수, 매력적인 태도를 길러야만 합니다. 그리고 어떤 일을 하든 좋은 태도를 갖추어야 합니다. 하지만 이런 태도를 처음부터 가지고 있지 않기 때문에 많은 시간과 노력이 필요할 것입니다."

"목소리를 가다듬어야 하고 부드럽고 맑은 톤을 사용해야 합니다. 지금 당신의 목소리는 나른하고, 허스키해서 편하게 들리지 않거든요."

"그리고 역사, 경제, 정치 등 어렵지만 좋은 책을 읽고 그것에 대해 이야기해서 대화법을 키우세요. 현재 당신은 '네, 선생님'이라고 분명하게 말하는 것도 힘들어 보입니다."

"당신은 주변 사람들로부터 존경받고 우러러보는 존재가 되기를 원합니다. 하지만 존경받기 위해 꼭 의사가 될 필요는 없습니다."

"다른 사람에게 도움이 되는 삶을 살고, 자기가 해야 할 일을 잘하고, 가족을 돌보는 사람이야말로 멋진 시민입니다. 그리고 농부, 목수, 변호사, 의사, 대장장이, 마부, 점원, 공장에서 일하는 사람이든 상관없이 청렴하고, 진실하고, 친절하고, 도움이 되는 삶을 살면 누구나 존경과 사랑을 받을 것입니다."

"사람들은 자신이 하는 일을 모르는 의사보다 자신이 하는 일을 잘 알고 잘하는 목수를 존경할 것입니다. 이것은 적합성fitness, 지식knowledge, 기술skill, 유용성usefulness의 문제입니다. 형편없는 의사는 가장 존경받지 못하는 사람 중 하나입니다. 잘못된 약물 또는 진단이나 치료 기술 부족으로 인해 사람이 죽거나 다칠 수도 있는 등 그가 저지를 수 있는 엄청난 실수를 한번 생각해 보세요."

그런 다음 상담사는 실제 비교를 하기 위해 상황이 그려지도록 다음과 같이 두 경우를 설명하였다.

"만약 두 남자가 의료 행위를 하려고 한다고 가정해 봅시다. 한 사람은 키가 크고, 수려한 외모에, 튼튼하고, 건강하며, 매력적인 미소, 다정함이 느껴지는 악수, 밝은 목소리, 매력적인 태도 등을 보이고 있습니다. 그는 밝고 명랑하며 건강합니다. 사람들은 그와 만나는 것을 좋아합니다. 그가 병실에 있는 것만으로도 처방된 약보다도 더 활력을 주는 가치가 있습니다. 좋은 교육을 받았고, 좋은 책을 많이 읽었으며, 주요 학술지에 계속 기고하고 있고, 오늘날의 대중적인 문제들을 이해하고 있어서 다양한 사람들과 이야기를 나눌 수 있습니다. 또한 기억력이 좋아서 의사가 알아야 할 증상과 의학 자료를 기억할 수 있고, 천연두, 성홍열, 디프테리아 등의 사례를 책을 찾아보려고 사무실로 가지 않고도 이야기할 수 있습니다. 그는 환자를 치료하는 데 도움을 줄 친구들이 있고, 개업을 준비하는 동안 3~4년을 여유 있게 살 수 있을 정도의 돈도 있습니다."

"다른 한 남자는 작고, 여위고, 볼은 움푹 패여 병약해 보이고, 기억력도 좋지 않고, 교육도 거의 받지 않고, 실무에 필요한 책도 거의 보지 않고, 알고 있는 것도 없고, 태도도 좋지 않으며, 목소리는 허스키하고 밝지 않으며, 대화 능력도 없고, 사람들을 끌어들이거나 확신을 불어넣을 만한 것도 없습니다. 그리고 전문성을 갖추기에는 정신적으로 불리한 상황입니다. 증상과 치료법으로 가득 찬 책을 기억할만한 기억력이 없어서, 이것을 알기 위해 확인하러 사무실로 돌아가던 중 환자는 사망할 수도 있습니다."

"이 두 사람 중 누가 성공할 가능성이 가장 클까요?"

"첫 번째 사람이요."

"어떤 사람이 당신과 가장 비슷한가요?"

"두 번째 사람이요."

"그러면, 당신이 정말 의료 전문가로 성공할 좋은 기회가 있을 거라고 생각하세요?"

"그렇게 될 수 있을지는 모르겠어요. 전에는 이런 상황을 생각해 본 적이 없었어요. 그냥 그게 좋은 일이고 존중받는 일이라는 걸 알았을 뿐이고 단지 그걸 제가 원했던 것이거든요."

"그렇다면 당신이 그렇게 큰 난관을 겪지 않고도 매우 존경을 받을 만한 다른 분야의 일이 있을 수 있겠네요."

"많은 달리기 경주가 진행된다고 생각해봅시다. 어떤 경주에서는 다른 사람들은 자유롭게 뛰는데 당신은 무거운 쇠공을 다리에 묶고 뛰어야 합니다. 또 다른 경주에서는 당신이 나머지 참여자보다 자유롭게 뛸 수 있고, 공정한 기회를 가질 수 있습니다. 어떤 경주에 참여하시겠습니까?"

"물론 자유롭게 뛰는 것이 낫죠."

"그래요. 당신의 손재주는 다른 사람들만큼 좋아 보입니다. 또한 당신은 보살핌과 근면함을 발휘할 수 있어요. 몇 가지 정도는 기억할 수 있으니 너무 무모한 도전이 아니라면 성공할 수 있습니다. 의사처럼 많은 사람을 만날 필요도 없고 방대한 양의 사실을 기억할 필요도 없는 일 또는 기억력과 개인적 능력이 그렇게 중요한 요소가 되지 않는 그런 일을 하게 된다면, 당신은 이러한 단점으로 무력화되지 않을 것이고 꽤 동등한 조건에서 경주를 할 수 있어 성공의 기회를 가질 수도 있습니다. 기계업 또는 제조업, 물건을 도매로 판매하는 일, 가금류, 양, 소 사육 또는 기타 실외에서 작업을 하는 일 등은 대부분 실내에서 불규칙하게 생활하는 의사보다 건강에도 더 좋은 기회를 제공할 것입니다."
"목축 및 낙농 농장, 목공소, 신발 공장, 도매 상점 등 여러 산업을 방문하고, 이러한 분야의 좋은 점을 찾아보고, 책을 읽어보고, 일하는 종사자와 관리자와 대화를 나눠보고, 이러한 다양한 종류의 일을 할 수 있는지 당신의 손기술을 시도해 보는 것을 제안합니다. 이래도 관심 있는 일이 없고 일을 하면서 극복해야 할 그런 어려움 없이 꽤 동등한 기회가 주어지는 일이 없다면 그때 결정하는 것을 제안합니다."
또한 상담사는 동료들로부터 존경을 받을 자격을 갖추기 위해서 기억력과 태도를 함양하고, 사회인이 되기 위한 준비와 경제력, 사회적 이해, 능력 발휘를 높이기 위한 독서와 학습 과정에 대해 구체적으로 제안했다.
청년이 상담을 마치고 일어서면서 손이 축축하지 않게 닦고 진심을 담아 악수를 하고 상담사에게 제안이 고맙다는 인사를 하면서 그 말을 꼭 따르겠다고 했다. 청년은 이 말을 하면서 처음으로 미소를 지었고 상담사는 이렇게 말했다.
"거봐요, 웃을 수 있잖아요. 마음만 먹으면 밝은 얼굴을 할 수 있어요. 이제 이것을 자주 하는 법을 익히면 됩니다. 석고 마스크를 쓴 것처럼 저녁 내내 굳은 표정으로 있지 말고 얼굴이 움직일 때까지 거울 앞에서 말하는 연습을 하세요. 그리고 '예~에'라는 말은 그만두도록 하세요. '네, 선생님'이라고 말하고 싶을 때, 엔진에 붙어 있는 증기 밸브에서 나는 거친 소리가 아닌, 맑고 남자다운 어조로 분명하게 말해보세요. 몇 번이고 '예~에'라고 할 필요가 없고, 간격을 두고 '네, 선생님'이라고 말하거나 활력과 관심으로 가득 찬 맑은 목소리로 확실한 발언을 해야 합니다. 다른 사람들을 살펴보세요. 그리고 당신이 존경하는 사람들을 따라 하고, 당신이 좋아하지 않는 사람들 속에서 당신을 혐오하거나 불쾌하게 하는 상황을 피하세요."

"네~에, 네! 선생님." 청년은 또 한 번 희미한 미소를 지으며 말했다. "노력하겠습니다." 그리고 그는 돌아갔다.

며칠 후 그 청년이 다른 사람에게 말하길, '교수님'이 본대로 솔직하게 말해주겠다고 말했는데, 정말 그렇게 해주셔서 기쁘다고 했다는 것이다. 왜냐하면 지금까지 자신의 모든 인생을 통틀어 그날 저녁 자신에 대해 더 많은 것을 알게 되었기 때문이다. 비록 어떤 면에서는 그 당시엔 쓴 약을 먹는 것과 같았지만, 맞는 말이었고 이 상담이 자신에게 큰 도움이 된다는 것을 알게 되었다.

사례 12 | 구두 닦는 일에서 간판 그림 그리는 일로

19세의 작고, 여위고, 나약한 청년은 중학교를 졸업하고 독서는 거의 하지 않고 기억력은 형편없었다. 아버지는 급행 화물열차 운전원이었고 14세부터 일을 시작하였다. 급사로 주당 3달러, 꽃집 도우미로 주당 4.5달러, 식료품점 배달원으로 주당 5달러와 6달러를 받고 연달아서 일했다. 병이 나서 직장을 잃은 후 당구장에서 구두 닦는 일을 했

다. 음악과 그림을 좋아하고 취미로 연필로 그림을 그리고 코넷cornet
을 연주할 수 있었다. 주당 4.5달러와 5달러를 벌면서 은색 코넷을 사
기 위해 63달러와 레슨비 38달러를 모았다. 어머니에게 절반을 주고
나머지는 코넷 구입과 레슨을 위해 저축하고 있다. 우체국 사무원 시
험공부를 할까 생각 중이다.

　　　　상담사가 그에게 스케치한 그림을 가져오라고 했다. 가져온 것
을 보니 형태를 잡는 작업과 글씨 도안에 상당한 능력을 갖춘 것으로
보였다. 미술과 음악에 두각을 나타내고 있었다.

▌ 제안내용 ▌

"Boston의 모든 학생을 특별한 적성과 능력에 따라 학급을 나눈다면,
당신은 어떤 반에 속하게 될까요? 대부분의 사람들이 그렇게 잘하지
못하는 것을 당신이 특별히 잘할 수 있는 것이 있나요?"

　　　　"다른 사람은 나만큼 코넷을 연주할 수 있거나 그림을 잘 그리
　　　　지 못하는 것 같아요, 제 생각에는요…"

"간판 화가가 되어 그림 그리기와 글씨 쓰는 것에 당신의 능력을 활용
해 보는 게 어때요?"

　　　　"정말 그렇게 하고 싶습니다."

"그렇다면, 매일 조금씩 연습하거나 가능하면 하루에 여러 번 연습하
세요. 거리의 간판을 보고 그중에 가장 좋은 것을 그대로 따라 그려 보
세요. 멋진 잡지에 실린 광고도 눈여겨보세요. 글자를 그대로 따라 써
보세요. 멋진 글자, 일반적인 글자, 꾸며진 글자 중 여러 개가 익숙할 때

까지 반복해서 외워서 나만의 간판을 디자인해 보세요. 모든 글자를 각각의 형태로 만들기 위해서 판화가가 보는 책을 빌려보세요. 일반적인 또는 꾸며진 글자를 쉽고 빠르게 만들 수 있게 되었을 때, 간판 가게에 취업해서 일을 시작해보세요. 만약 당신이 코넷을 잘하기 위해 연습했었던 것처럼 열심히 해서 일도 잘하고 돈도 벌 수 있다면, 당신은 몇 년 안에 자신의 가게를 시작할 수 있을 겁니다. 언젠가 밴드에 들어갈 수도 있으니 코넷 연주도 포기하지 마세요. 하지만 직업으로 삼을 만큼 잘하는지 궁금하네요."

몇 주 후 상담사는 길에서 그 청년을 만났다. 그는 상담사가 제안한 대로 따랐고 레터링에 상당한 기술과 능력을 향상해서 제법 좋은 회사에 취업하여 마음껏 간판 제작을 하고 있었다. 그중 하나를 가지고 배달하러 가는데, 매우 훌륭한 작품이었다. 그리고 그는 열정과 행복으로 넘쳐났다. 어떻게 시작해야 할지 몰라서 알아보기 위해 몇 주 전에 왔던 그 청년 같지 않았다.

사례 13 | 언어 재능

20세 청년으로 수려한 외모를 가지고 있었으며, 운동선수와 같은 강인한 신체와 잘생기고 표정이 풍부한 얼굴, 깨끗한 피부와 눈, 웃는 얼굴, 단정하고 남자답고, 예의 바르고, 모든 면에서 매력적이었다. 말끔하고, 똑똑하고, 조심스럽고, 사교적이며, 식사 전후 흡연을 제외하고는 나쁜 습관이 없다. 성질도 온화하고, 싸우거나 심하게 다툰 적도 없었으며, 또래들 사이에서 항상 리더였고, 많은 모임을 조직했고, 많은 강연을 했었다. Russia에서 태어난 다음 해에 Paris로 이사하였고 11년 후에 Boston에 오게 되었다. Paris에서 학교를 다녔고 Boston에 있는 필립스 학교Phillips School에서 두 학기를 수강하였다. 계산과 언어를 제일 잘해서 여러 번 상을 받았고, 미술과 문법의 성적이 가장 형편없었다. 5개의 외국어에 대한 생활회화를 습득하였다. 작은 양복점의 재단사인 그의 아버지는 10개의 외국어로 생활회화를 구사할 수 있었다. Victor Hugo의 「레미제라블Les Miserables」을 프랑스어와 영어로 읽었으며 Shakespeare를 좋아했다. 헤럴드Herald와 아메리칸American 신문의 사설과 정치면은 읽지만, 살인 사건, 이혼 사건, 스포츠 뉴스에는 전혀 관심이 없었다. 14세에 가게 종업원으로 주당 2달러씩 받고 근무했었고 심부름꾼, 점원, 영업사원으로 5년 동안 다양한 면직물 상점과 백화점에서 일하면서 주당 3.5달러, 4달러, 6달러, 7달러까지 받았다. 그 후 담배회사의 외근 영업직으로 취직하여 주당 13달러에서 14달러를 받았다. 그 회사가 서부로 이전하게 되었고, 청년은 가족과 친지들과 함께 있고 싶었기 때문에 이전한 회사에 가지 않았다. 할 수만 있다면 외근 영업사원이 되고 싶지만, 공무원 과정을 듣고 우체국의 서기나 우편배달원으로 입직하기로 결심하였다.

| 제안내용 |

여기 담긴 모든 내용과 더 많은 정보를 알아낸 상담이 끝난 후, 상담사는 이렇게 말했다.

"동식물학자는 당신이 어떤 특징을 가지고 있다고 할 것 같나요?"
청년은 망설였다.
"Boston의 모든 청년이 이곳에 모인다면, 어떤 면에서 그들보다 뛰어날까요? 어떤 면에서 비슷할까요? 어떤 면에서 부족할까요?

> "다른 사람은 그렇게 많은 언어를 알지 못할 것이며, 조직 구성 능력이나 강연도 많이 하지 못했을 것으로 생각합니다."

"당신이 가지고 있는 언어능력, 리더십, 조직력은 Boston의 청년 극소수만이 가지고 있는 특징으로 보입니다."

> "네, 그런 것 같아요."

"한 사람이 명예, 돈, 성공을 얻으려면 강점을 발휘해야 할까요? 아니면, 보통이거나 약점을 발휘해도 얻을 수 있을까요?

> "물론 약점이 아니라 강점으로 얻을 수 있겠지요."

"당신이 가지고 있는 언어, 리더십, 조직력은 우체국 직원으로 일할 때 발휘되면 좋을까요? 아니면 그러한 능력이 없는 청년이 편지를 분류하거나 우편물을 나르는 일의 기회를 얻는 게 좋을까요?"

> "우체국에서 뭔가를 할 수도 있지만, 내가 가장 잘 할 수 있는 일을 위한 더 나은 분야가 분명히 있을 것 같습니다."

상담사와 청년은 함께 산업 목록을 검토하면서, 도시의 이민자들을 대상으로 언어를 가르치고, 통·번역을 하고, 정치 또는 사회복지 활동을 하거나, 혹은 대규모 무역을 하는 회사에서 다양한 국가와 협상하고 거래를 하는 일이 청년이 가지고 있는 특별한 능력을 충분히 발전시키고 유리하게 사용할 수 있는 최고의 기회를 제공할 것으로 판단했다.

처음 두 가지 직업 경험은 그에게 매력적이지 않았으나, 그가 원하는 다른 일은 공익을 위한 일이나 시민단체와 같이 강연과 조직력을 발휘할 수 있거나, 영업사원이나 중개업자와 같이 다양한 국적의 사람들을 상대로 상거래를 하는 일은 매력적으로 생각하였다.

더욱 철저한 준비와 적절한 분야의 채용공고를 찾는 방법과 계획에 대해 논의하였다. 한 가지 제안은 청년이 언어를 하나씩 차례대로 습득하고 완벽하게 공부해서 숙달할 수 있도록 하는 것이었다. 지금까지 해왔던 것처럼 정기간행물을 여기저기 조금씩 읽는 것이 아니라, 문법을 체계적으로 공부하고 그 언어로 쓰인 제대로 된 책을 읽고 유창하게 말하고 쓰는 법을 배워야 한다는 것이었다. 또한 상담사는 흡연은 쓸모없고, 돈이 많이 들고, 몸을 해치는 습관이므로 그만둘 것을 제안했다. 이 제안은 받아들여지지 않았다. 그러나 청년은 상담을 통해 가지게 된 깨달음과 영감으로 자기 자신을 볼 수 있게 된 것에 대해 감사를 표시했다. 자신에게 최고로 유용하게 사용되고 성공으로 가는 길을 눈앞에 분명히 보게 되었다. 그리고 이탈리아어, 프랑스어, 스페인어를 순서대로 배우고, 배운 것을 실무에서 사용할 수 있도록 완벽하게 숙지하겠다는 열성적인 결의로 가득 차서, 그의 최고의 능력을 활용할 기회가 올 것에 대비하겠다며 상담을 끝냈다.

사례 14 | **변호사가 되는 과정**

독일계의 17세의 똑똑한 청년으로 양친 모두 매우 훌륭한 가문으로

부유했지만, 친할아버지는 러시아 정부에 의해 재산을 몰수당했으나, 아버지는 그 돈을 되찾지 못했다. 아버지는 외할아버지와 두 번이나 창업했지만 성공하지 못했다.

성격과 능력이 탁월했고, 잘생긴 외모, 유쾌한 태도, 좋은 언변을 가진 우수한 청년으로 대중적인 문제에 관해 이야기하는 것을 매우 좋아했다. 중학교, 야간 고등학교 2년, 브레드위너Breadwinner 학원 3년을 다녔다. 미술만 제외하고 모든 성적이 우수했고 중학교 때 반장을 했었고, Scott, Dickens, Shakespeare, Cooper, Dumas의 작품을 읽었다. 책, 개, 말, 어린아이, 음악, 연극, 공개 모임, 토론 등을 매우 좋아했다. 기억력도 좋고 분석력도 뛰어나고, 명료하고, 생각이 단호하고, 집요한 토론가였다. 신중하고, 신뢰할 수 있고, 근면하고, 끈기 있고, 열정적이고, 개방적이고, 동정적이고, 성품이 좋고, 사교적이기도 했다. 어깨가 앞으로 굽어 있고, 때로는 목소리에 생기가 없고 힘이 없이 대화하는 성향을 제외하면 나쁜 습관은 없었다. 한 번에 16km 이상을 걸을 수 있지만 다른 운동은 하지 않았다. 포목점의 판매원이지만 흥정하는 것을 싫어하고, 변호사가 되고 싶은 자신의 목적을 이루기 위해 기꺼이 노력하려고 하였다.

▌ 제안내용 ▌

이 포부를 막을 방법은 없어 보여서 상담사는 다음과 같이 몇 가지 대안을 제안했다.

1. 「불법행위법Law of Torts,(Bigelow on Torts)[26]」을 보고 분석해 보세요. 첫

장의 내용을 한 장으로 요약해서 함께 이야기하기 위해 가지고 오세요.
2. 가을에는 YMCA에서 야간 수업을 수강해 보세요.
3. 어깨를 뒤로 젖혀 똑바로 서 보세요.
4. 몸, 팔, 목에 근육을 생기게 할 수 있는 권투, 조정, 실내 체육관에서 할 수 있는 운동 등 더 다양한 운동을 해 보세요. 야외에서 숨을 깊게 쉬세요. 머리로 작업하는 사람은 충분한 혈액이 척추를 따라 머리를 통해 몸의 모든 부분으로 보내는 것이 매우 중요합니다.
5. 목소리 사용에 주의해 주세요. 일상적인 대화에서도 생기있고 리듬감 있게 말을 하세요. 말투를 연습하여 사용하세요.

이 청년은 법률과 관련된 책을 읽고 분석한 자료를 정기적으로 가지고 와서 보여주었는데, 대부분이 초보자치고 매우 훌륭했다. 그는 매우 즐겁게 공부했고 기초도 튼튼했다.

사례 18 | 효과적인 설교의 비법

20세의 잘생기고 건강한 청년으로 밝고 표정이 풍부한 얼굴, 매력적인 미소, 유쾌한 태도, 자연스럽고 다정하고 매력적인 면을 보여주고 있었다. 잘생긴 두상이지만, 기억력이 좋지 않았다. 적당한 말씨와 좋은 습

---

[26] 작가이자, 법사학자이자, Boston 법학 대학 창설자인 Melville Madison Bigelowrk이 1901년에 발간하였고, 불법행위에 관한 법과 관련된 내용의 책이다. (역자 첨부)

관을 지니고 있으며, 사회적, 이타적, 윤리적 관점에서 삶을 바라보는 경향이 있었다. 호감 가는 외모와 태도 그리고 이타적인 성향을 제외하고는 특별한 약점도 강점도 없었다. 보통 수준의 교육, West Indies의 중학교를 다녔고, 17세에 집을 떠났다. Ontario주 Bellevue에 있는 경영대학에 6개월 동안 다녔다. 독서에 대해서는 할 말이 없었고, 농장에서 2개월 동안 일하면서 쉬는 시간에 경리를 해서 주당 11달러를 받았다. 손기술 또는 사무 기술이나 경험과 어떤 확실한 적성도 없었다. 기계, 농업 또는 상업 분야에 대한 혐오가 확고하게 있었다. 대학에 가서 성공회 사역을 준비하기로 해서 그의 고향이었던 West Indies에 있는 대학에 가기로 결정했다.

훌륭한 인품, 윤리적 이상에 헌신, 매력적인 성격, 사회적이고 이타적인 기질, 진심으로 도움을 주려는 자세 등이 훌륭한 목사의 주요 자질 중 하나이며, 이러한 자질은 청년이 소유하고 있거나 길러지게 되면 성공의 가능성이 커질 수 있었다. 직업이 완벽하게 결정되었고 선택도 꽤 신중했다.

▎ 제안내용 ▎

따라서 제안으로는, 주로 목회자의 온전한 몸가짐을 기르고, 목회자로서 최상의 성과를 거두며, 설교의 역량을 강화하는 방법과 관련이 있다. 몇 가지의 제안으로는 다음과 같다.

1. 기억력을 향상한다. 기억력 향상 및 사용 방법을 분석적으로 제공하고 설명 및 삽화를 추가한다.

2. Phillips Brooks, Henry Ward Beecher 등과 같은 훌륭한 성직자들의 삶과 했던 일을 탐구하고 성공의 비밀을 발견하기 위해 그들이 평범한 성직자와 근본적으로 다른 면을 찾으려고 노력한다.
3. 고결한 인품, 폭넓은 아량, 도움, 진정한 봉사, 인간애, 높은 이상을 추구하려는 헌신, 이러한 참된 설교자의 성품을 가진다.
4. 신학에 대한 지식보다 훨씬 더 중요한 인간의 본성, 역사, 정치, 경제, 공공의 문제에 대한 지식이 필요하다.
5. 성경에서 강조하는 내용뿐만 아니라 일상에서 사람들이 직면하는 문제에 대해서도 설교하는 법을 배우고, 현실적인 삶의 장면에서 영적 진리의 삽화를 그려 본다. 가장 훌륭하고 가장 효과적인 설교는 항상 삶을 다룬다는 것이다. 사업, 정치, 사회, 가정, 개인의 일상사에 기독교의 원리를 적용하여 설교한다. 무미건조한 교리적 설교가 아니라, 가정과 개인의 행위와 관련된 윤리뿐만 아니라 내가 사는 지역, 국가와 일하는 분야에서 옳고 그름과 관련하여 사람들의 삶을 충만하게 해주는 깨달음, 이타심, 영감, 지적인 도움을 주는 설교를 한다.

이 모든 것들은 Beecher와 Brooks 그리고 다른 과거의 저명한 성직자들을 보면 명백한 사실이었다. Henry Ward Beecher는 "기독교는 교리가 아니라 삶이다"라고 말하곤 했다.

Phillips Brooks의 설교를 6~8개월 동안 일주일에 2~3번 들은 후, 나는 Brooks 박사에게 "Brooks 박사님, 저는 당신의 설교가 무엇 때문에 매력적인지를 알아보려고 노력했습니다. 그 결과 마음을 사로잡는 진지함과 박학다식함 외에도, 당신의 생각이 우리의 일상에 스며드는 것이 매력이라고 결론지었습니다. 박사님의 설교는 평범한 일상사들을 기독교의 원리로 비춰줍니다. 모든 생활사에서 삶에 윤리적 생각과 영감을 끊임없이 적용하여, 종교가 일요일 단 하루가 아닌 매일 사람들과 함께 시장, 공장, 거리, 법정, 국회의사당 등에서 함께하고 있습니다. 이것은 교회에 가기 위해 일요일에만 써야 하는 모자처럼 종교가 우리의 삶과 동떨어진 것이 아니라 삶의 일부가 된다는 것을 알려줍니다. 그래서 박사님 설교의 비밀은 종교적인 관점에서 현실적인 일상을 다루고 있는 것으로 보입니다."라고 말한다.

그분이 말씀하시길 "그래요. 그것 말고 무엇을 설교할 수 있겠어요?"

그렇다면 최고의 목사는 신학교에서 배우는 것보다 훨씬 더 많은 것을 알아야 한다는 것은 분명하다. 만능인이어야 한다.

목회자의 영역은 삶과 세계에 대한 윤리적이고 종교적 해석이며, 사람들에 대한 이타심, 이상향, 염원을 담은 목회 활동이다.

그러므로 일을 제대로 하기 위해서는 윤리와 종교만을 공부하는 것이 아니라, 책을 비롯해 개인적인 접촉과 경험을 통해 삶과 세상을 알아야 한다. 인간, 자연, 산업, 정치, 과학, 문학, 예술 등 모든 것이 설교 내용의 소재가 된다.

세상은 목회자가 장례식에서 설교하거나 교리를 낭송하는 것뿐만 아니라 사람들을 인도하고 이타심을 가지고 힘이 있는, 교회의 흐름뿐만 아니라 삶의 흐름 또한 알고 있는, 사람들의 일상의 문제를 해결하는 데 도움을 주는 고귀한 신앙인을 갈구하고 있다.

| 사례 19 | **햇병아리 수목 관리원**

22세의 혈기 왕성한 청년으로 작은 가게 점원으로 일하고 있으며 고용주가 전반적인 사업운영과 은행 업무를 믿고 맡기고 있었다. 그러나 판매하는 일을 좋아하지 않았다. 나무, 풀, 꽃과 같은 자연을 열정적으로 좋아했다. 도시의 소음, 기만, 혼란스러움에서 벗어나기 위해 숲속의 나무 사이를 16~24km를 걷기도 했다. 중학교 졸업 이후 5년간 야간학교에서 공부하면서 학급 반장도 하고 웅변으로 상을 받기도 하였다. 신중하고, 진지하고, 똑똑하고, 끈기가 있었다.

❙ 제안내용 ❙

"지금 가장 빠른 속도로 성장하고 있는 플로리스트가 되거나 임학을 공부해서 공무원이 되는 것은 어때요? 이것은 마치 정원사가 장미를 돌보거나 목축업자가 소를 기르는 것처럼 당신은 나무와 함께 지낼 수 있을 겁니다."라고 상담사가 물어보았다.

> "제게 딱 맞을 것 같아요. 제가 할 수 있을까요? 열심히 할 수 있겠지만 제 형제들이 자립할 수 있을 때까지 1~2년 동안 생활비를 벌고 가족을 부양해야 합니다."

"숲에서 일을 할 수만 있다면 서부든 남부든 어디든지 갈 의향이 있습니까?"

"네, 어디든 가겠습니다."

"그렇다면, 함께 해결하기 위해 최선을 다해 봅시다. 그럼 바로 시작해 볼까요? 도서관에 가서 임업 관련 자료에 대한 목록을 작성하세요. 더 최근에 나온 책들을 살펴보고, 가장 좋다고 생각되는 책을 가지고 오면, 어떻게 그것을 분석하고 본질적인 사실과 원칙을 터득하는지를 알려드리겠습니다. 또한 산림청으로부터 회보, 책과 임업 학교 목록을 얻을 수도 있고, 체계적인 공부를 위해 가장 좋은 책을 도서관에서 알아보고, 임업과 관련한 수업을 들으면서 돈을 벌 기회를 가질 수 있는지를 알아보기 위해 다양한 학교에 협조 요청을 할 수도 있습니다. 당장 이러한 기회를 구하지 못해도 1~2년 후에 자유로워질 테니, 그 사이 책과 숲을 통해서 수목학을 공부하고 있으면서, 때가 되면 대학 과정을 최대한으로 활용할 수 있도록 스스로 준비할 수 있습니다."

이 계획은 즉시 시작되었고, 햇병아리 수목 관리원이 매우 흡족해할 수 있도록 체계적으로 진행되고 있다. 임업의 원리와 실천을 흡수하는 이 나무 사랑꾼보다 더 열정적으로 학문을 흡수하는 청년을 본 적이 없다.

사례 22 | **방황하는 기술자**

키가 크고, 잘생기고, 체격이 좋은 30세의 청년으로 명확하고, 예리하고, 표현력이 좋으며, 목소리와 태도가 좋았다. 화술이 뛰어나고 확실히 상당한 교양과 능력을 갖추었다. 광고 관련 회사의 회계사무원으로 주당 25달러를 받을 정도로 꽤 성공했다. 그는 일이 마음에 들었지만, 매일 해야 하는 일에 최고의 능력과 열정이 결합했을 때의 중요성에 대한 상담사의 이야기를 들은 이후 자신이 적합한 분야에 있다고 생각하지 않았다. 그는 고등학교 교육을 받았고 경영대학 과정을 이수했으며 주도적으로 독서도 잘했다.

▎제안내용 ▎

"여가를 어떻게 보내나요?" "어떤 종류의 책을 가장 좋아하나요?" "만약 당신이 시간이 넉넉하고 큰 도서관에 있다면, 어떤 분야의 책에 가장 끌리나요?" "만약 당신이 Chicago나 St. Louis에서 열리는 세계 박람회와 같은 웅장한 건물과 아름다운 정원이 있는 곳과, 세계 각지에서 생산된 제품 전시, 교육적인 전시, 육군과 해군 전시, 각종 기계로 가득 찬 기계 전시관, 기관차, 자동차, 마차 등이 있는 교통 전시관, 임업, 농업, 광업 전시관, 다양한 국가로부터 온 사람들, 야생동물, 공연 등 셀 수 없이 많은 진기한 것으로 가득 차 있는 전시관 등이 있습니다, 당신은 어디를 제일 먼저 보러 가고 싶나요? 어디에 가장 흥미를 느끼나요?" 이러한 모든 질문에 답하면서, 기계에 대한 그의 애정이 강하게 드러났다. 그는 여가를 도구를 가지고 물건을 만들거나 집안 이곳저곳을 손보면서 보냈다. 기계에 관한 책을 읽는 것을 제일 좋아했다. 세계 박람회에서 기계 전시관에 제일 먼저 갈 것이며 이곳이 가장 흥미로웠을 것이라고 했다. 기계에 대한 열정이 있었다. 분해하고 다시 조립하는 것을 좋아했다. 설명서 없이도 새로운 기계를 이해할 수 있었으며, 기계적인 문제를 해결하는 것을 아주 즐거워했다.

기계에 대한 애정과 기계를 이해하고 다루는 능력뿐만 아니라 분석력도 강했는데, 이는 상담사에게 보여준 다수의 훌륭한 작품 샘플에서 잘 드러났다. 또한 그의 과거 기록과 작업은 상당한 독창성과 구성력을 증빙해 주었다.

"기계를 다루는 능력, 분석력 및 조립 능력 등 당신의 최고 능력을 발휘할 수 있는 여지가 회계업무에 충분히 있나요?"

"아니요, 없어요."

"그렇다면 어떤 산업에서 최고의 역량을 발휘할 수 있을까요?"

"아마도 기계업일 것 같습니다."

"그렇다면 어떤 종류의 기계업이 최상의 기회와 최대의 이점을 제공하느냐가 관건이 아닐까요?"

청년은 그렇다고 생각했다. 다양한 기계업을 함께 살펴보았고, 그는 YMCA 자동차 훈련 강좌와 MIT Massachusetts Institute of Technology에서 학업을 완성할 목적으로 전기 강좌를 듣기로 했다. 경리업무에서 제조회사로 옮기는 노력도 즉시 해야 했고 그 회사에서 기계와 가까워지는 것이 기계를 다루는 업무로의 전환에 도움이 될 것이다.

상담이 끝나갈 즈음 그는 진심으로 상담사와 악수를 하며, 이번 상담이 그의 인생에서 가장 중요한 시간이었고, 그동안의 어떤 대화보다도 가장 빛나는 대화의 시간이었다고 말했다. 이러한 협의가 그의 삶 전체를 바꿀 것이라고 믿었다.

만약 이 청년이 평생 회계 일만 계속했다면, 그의 최고의 능력과 포부와 열정은 그의 본업과는 단절되었을 것이다. 근무시간을 거래장부 및 회계장부와 함께 보냈을 것이고 여가시간은 기계와 함께 보냈을 것이다. 기계를 다루는 직업으로 전환함으로써 그는 최고의 능력과 열정을 일에 연결할 수 있게 되었고, 그렇지 않았다면 불가능했을 발전과 성공, 행복을 얻을 수 있었다.

이 청년에게 기계를 다루는 회사 직원으로의 이직을 위한 면접은 몇 주 후에 이루어졌다.

사례 23 | **건축설계사 또는 헬스트레이너**

23세의 청년으로 적당한 체격, 잘생긴 외모, 맑은 안색을 가지고 있었다. 운동 신경이 있어 운동을 매우 좋아하였다. 매우 사교적인 성격, 인간적이고 사회적인 요소가 매우 강했지만, 이상을 추구하거나 건설적인 면은 매우 약했다. 기억력은 적당하고 손 조작 기술은 중간 정도였다. YMCA의 보조 헬스트레이너로 어엿한 헬스트레이너가 되기 위해 완벽해지려는 자신만의 계획과 건축학을 마치려는 계획 사이에서 흔들리고 있었다. 건축학 공부를 시작하고 한동안 건축사 사무실에서 일하면서 결과도 꽤 괜찮았다.

┃ 제안내용 ┃

상담사는 두 직업을 비교하기 쉽게 표로 보여주고, 두 번째 상담에서 작성한 것을 서로 비교하였다. 그 결과가 다음과 같았다.

헬스트레이너	건축설계사
활동적으로 하는 일	주로 앉아서 하는 일
건강에 유익한 일	건강에 덜 유익한 일
사람들과 밀접한 접촉	인간적인 요소와 지속력이 약함
잘 어울리고, 도움이 되며, 이타적인 관계	사람보다 사물과 더 많은 일을 함 적당한 관계이지만, 그렇게 가깝거나, 지속적이거나 사람에게 도움이 되는 것은 아님
지속적이고 강한 인간적 요소	인간 그 자체보다 그림과 건물에 더 많은 관심을 기울임
이미 전문적으로 시작했으므로 접근 용이	이상추구와 건설적인 면은 개우 중요한 요소 손으로 하는 기술과 수학 및 실행 능력 또한 필요
적당한 보수	성공하면 큰 보상
자본이 거의 또는 전혀 필요하지 않음	건축사사무소에서 일하면 자본금이 필요 없지만, 독립하여 자영업을 하기 위해서는 상당한 자본이 필요함 건축가는 종종 값비싼 도면과 견적을 작성하고 급여를 받기 위해 오랜 시간을 기다려야 함

이 비교 진술에 기초하여 상담사는 다음과 같이 제안하였다.

"전반적으로 봤을 때, 당신의 능력과 성향, 특히 인간적인 요소로 가득 찬 활동적인 삶에 대한 당신의 강한 기질과 두드러진 능력이 건축가의 삶보다 헬스트레이너의 삶에 훨씬 더 잘 맞는다고 생각하지 않나요?"

"당신은 종이, 연필과 잉크, 벽돌과 모르타르mortar, 나무와 철, 그리고 건물 설계와 건설의 모든 세부 사항을 다루는 건축가로서, 비교적 인간적인 요소는 적고 앉아서 생활하는 삶을 평생 만족할 것 같나요?"

"나무와 돌로 집을 만드는 것이 근육으로 이루어진 멋진 몸을 만드는 것만큼 당신에게 매력적일 수 있을까요?"

"자신이 가지고 있는 열정과 능력을 발휘할 수 있는 곳에서 두드러진 성공을 거둘 가능성이 가장 큽니다. 건축 분야에서는 특별히 훌륭한 기회가 있고 다른 직업을 시작하는 데는 훨씬 어려움이 있다면 결정하는데 기본적으로 변화가 생기겠지요. 하지만 현재로서는 헬스트레이너로서 당신의 기회는 더 나은 것으로 보입니다."

"가장 적합하고 가장 편안한 삶과 최고의 기회를 바탕으로 헬스트레이너를 선택한다면, 그 일에 완벽해지기 위해 모든 에너지와 열정을 다하기를 바랍니다. 의료 강좌와 Massachusetts주 Springfield에 있는 YMCA 훈련학교의 강좌는 특히 가치가 있을 것입니다."

"만약 건축을 평생 직업으로 삼기로 했다면 우선 야간 강좌를 수강하고, 그동안 돈을 저축하여 MIT에서 공부를 마칠 수 있습니다."

"어쨌든 전공을 직업에 국한하지 않기를 바랍니다. 삶에는 생계를 유지하는 것 외에도 다른 것들이 있습니다. 사람은 훌륭한 시민이 되고 전인적 인격을 갖춘 사람이 되고 능력을 발휘하는 근로자가 되기 위해 공부해야 합니다. 그리고 자기 일보다 더 많은 것을 알지 못하면 최고의 직업인이 될 수 없는 것이 사실입니다. 훌륭한 건축가는 건축학보다 더 많은 것을 알아야 합니다. 최고의 헬스트레이너는 운동이나 의학 그 이상을 더 많이 알아야 합니다."

이러한 제안으로 고민을 완벽하게 해결하였고 특히 두 직업을 표로 대조한 것은 그에게 큰 도움이 되었다고 말했다. 그는 사람보다 사물에 전념하는 데 만족하지 않을 것이다.

사례 33 | **사업가 또는 변호사; 절반의 완성**

백화점 구매 대리인이지만 변호사가 되고 싶어 하는 22세의 청년으로 체격이 작고 건강하고 좁은 이마와 균형이 맞지 않는 좁은 두상, 툭 불거진 광대뼈와 이목구비의 선이 굵지만 밝은 표정과 미소를 보이고 있었다. 분명하지 않고 빠른 말투와 공부는 중간 정도이고 적극적이지 않지만, 성과를 내야 하는 일에는 활기차고 열성적이었다. 고등학교를 졸업했고 수학은 1등급이었지만, 역사는 아주 형편없어서 간신히 통과했다. 기억력이 별로 좋지 않았다. Dickens, Kipling, Shakespeare의 작품을 읽었다. 웅변을 배워본 일이 없고 말수가 적고 논쟁을 좋아하지 않고 전투적이지 않고 온순한 편이었다. 현재 야간 법학 강좌를 수강 중이다. 법률 관련 내용에 관한 질문에 그가 가져온 답은 분명하지 않았다. 그가 겪었던 법률문제에 대한 명확한 개념도 없었고 법률에 대한 이해력도 없었고 법률을 공부하는 적절한 방법도 알지 못했다. 가게에서 일하는 것을 좋아했는데, 꽤 일을 잘했으며, 본격적인 구매업자로 성장하고 싶다고 말했다. 하지만 친구 중 한 명이 변호사가 될 예정이었는데 그 친구가 변호사가 되어 보는 것을 제안했다.

┃ 제안내용 ┃

작성이 끝나갈 무렵 상담사는 이렇게 말했다.

"어떤 사람이 좋은 장소에 반쯤 지은 집이 있습니다. 기초를 다지고 벽을 세우고 지붕 올릴 준비까지 거의 되었는데, 이 건물을 버리고 다른 건물을 짓기 위해 새로운 장소를 선택하고 기초부터 다시 시작하는 것이 현명할까요? 바꿀 필요도 없고 거의 완공된 첫 번째 건물보다 새 건물이 더 나을 것이라고 믿을 만한 타당한 이유가 없는데도 그게 현명한 처사일까요?"

"그렇게 보이지 않습니다."

"그렇다면, 이것이 당신이 하려고 생각했던 것이 아닌가요? 지금 일에서 성공한 것만큼 법조계에서 성공을 거두려면 아마 10년이 걸릴 것입니다. 게다가, 당신은 사업을 해 봤고 거기서 합리적으로 성공할 수 있다는 것을 알고 있지만, 법조계에서 성공할 수 있을지는 전혀 확실하지 않습니다. 당신은 기억력이 별로 좋지 않죠. 당신이 공부한 불법행위법에 대해 알고 있는 개념은 너무나도 분명하지 않고 불충분합니다. 당신은 22세이고, 대중 연설에 소질이 없고, 공공 문제에 관한 토론이나 논쟁에 대한 욕구가 전혀 없습니다. 한편 변호사는 싸우는 직업이고, 다른 한편으로는 정치적인 삶을 살아야 합니다. 당신은 지적 갈등에 적합해 보이지도 않고 공적인 일에 특별한 관심도 없고 법적, 시민 정신의 기본도 없는 것 같습니다. 법 공부는 당신에게 어려워 보입니다. 변호사는 책이 가득한 도서관과 익숙해져야 합니다. 그것은 당신에게 매우 어려울 것입니다. 게다가, 법조계는 경쟁률이 치열한 직업입니다. 일에 잘 적응해도 발판을 마련하기가 어렵습니다. 당신은 변호사의 일보다 상거래를 하는 일이 훨씬 더 잘 맞는 것 같습니다. 지금의 상거래 일처럼 법률 분야에서 성공을 거두는 데는 분명 여러 해가 걸릴 것입니다."

"사실을 말해주시니 이제야 매우 분명해 보입니다."라고 청년은 말했다. "이전에 그것을 보지 못했다는 것이 이상합니다. 내가 지금 하는 일의 수준까지 도달하려면 법조계에서는 오랜 시간이 걸릴 것 같네요. 나는 가게 일을 좋아하는데, 그냥 딱 들러붙어서 일하는 게 낫겠어요."

"맞아요," 상담사가 대답했다. "야간 법학 강좌를 끝까지 하는 것은 해가 되지는 않을 것입니다. 그것은 훌륭한 교양 공부입니다. 당신은 직업인이자 시민이며 법과 정치, 경제에 대해 알아야 합니다. Fiske, Ely, Dole, Bryce, Shaw 및 기타 작가들의 시민안내서civic suggestions에 시간을 할애할 수 있는 만큼 체계적으로 읽고 읽은 내용을 이해하고 기억할 수 있도록 해 보세요. 이러한 기억 방법에 대한 분석은 기억력을 개발하고 그로부터 더 나은 결과를 얻는 데 도움이 될 것입니다." (기억력에 관한 책자를 주고, 주요 요점에 대해 잠시 설명하고 강조함.)

"내가 취급하고 있는 상품을 잘 파악해 보세요. 상품의 특성에 익숙해져야 합니다. 하루에도 몇 분씩 시간이 날 때마다 라벨을 숨기고 상품을 섞은 다음 시각과 촉각으로 품질과 가격을 알아내는 연습을 여러 번 하세요. 주머니에 샘플을 넣고 전차를 타고 이동하면서 손가락으로 익히세요. 품질과 가격을 빠르고 확실하게 말할 수 있을 때까지 계속하고 보지 않고도 말할 수 있도록 하세요. 당신이 거래할 상품에 대해 완벽하게 숙지하세요. 구매자들과 친해지고 사업의 비결을 배우세요.

우리는 업계 최고의 한두 명에게 보낼 편지를 당신에게 주겠습니다. 동종 최고의 사람들과 협력할 수 있는 하나 이상의 비즈니스 단체에 가입하여 이들과 관계를 구축하세요. 좋은 무역 잡지를 보고 사업과 관련된 최고의 책들을 구해서 내용을 외울 때까지 공부해보세요. 가능한 빠른 손놀림으로 기억한 상품의 모든 세세한 것까지 그리는 연습을 해 보세요. 스타일과 참신함을 공부하세요. 시장을 지켜보면서 예측해 보세요. 다른 구매자들이 하는 것을 잘 지켜보고 할 수 있다면 그들보다 한 수 위가 될 수 있도록 하세요. 무엇보다 사업의 근본적인 성공 비결은 대중에 대한 진정한 봉사라는 점을 기억하세요."

사례 57 | 확실한 결론에 도달하는 데 필요한 더 많은 연구와 경험

키 183cm에 몸무게 72kg의 Wellesley Hills 출생의 19세의 청년으로 지난 3년 동안 아픈 적이 없을 정도로 건강한 체력을 지녔다. 크고 잘생긴 머리로 19cm의 모자를 착용했다. 잘생긴 외모와 매너를 지니고 목소리도 기억력도 좋았다. 조심스럽고, 지적이고, 겸손하고, 나쁜 습관이 없었다. 아버지는 정원사였고, 할아버지는 영국에서 발명으로 성공하여 재산이 많은 엔지니어였다. 외할아버지도 엔지니어였다.

중학교를 졸업했으며 가장 잘한 과목은 미술과 역사이고 이 중 미술 성적이 좋았으며 수학 성적은 좋지 않았다.

독서는 최신판 잡지에서 발명품, 기계, 광고를 주로 보고, 「위기 The Crisis[27]」, 「로리의 연인 That Lass o' Lowrie's[28]」 등 몇 편의 소설을 읽었다.

여가시간에 보통은 독서를 하고 최근에는 일주일에 2~3번 저녁에 체육관에서 운동을 한다.

주요 관심사가 기계에 있기 때문에 세계박람회에서 기계관을 먼저 방문했다.

산업 목록에서 주로 전문적인 정비사, 철도원, 발명가, 건축가에 관심이 있었다.

학생일 때 정원 손질하는 일을 조금 했었고, 16세까지 학교에 다녔다. 배송 점원과 사무용품 판매원으로 주당 2.5달러를 받고 시작했으며 나중에는 주당 9달러를 받았다. 3년간 일한 후 보석 가공을 배우기 위해 퇴직하고 7주를 공부했으나 3~4년을 더 공투해야 한다는 것을 알게 된 후, 관개 측량사로 일하면서 월 30달러와 식비를 받고 일했으나 겨울이 되면서 일이 끊겼다. 1907년 가을, California의 Los Angeles로 갔다. 차비를 지불 할 만큼하고 약간 더 저축했다. 그러나 Los Angeles에서는 일을 하지 않아서 아버지가 집으로 가는 차비를 보내주었다.

지금은 주당 8달러를 받고 보험사무실에서 경리 일을 하고 있다. 경리 공부를 따로 하지 않았지만 바로 취업이 되었다.

---

27 National Association for the Advancement of Colored People(NAACP)가 1910년에 출간한 잡지임. (역자 첨부)
28 Frances Hodgson Burnett이 1877년 출간한 소설임. (역자 첨부)

제안내용

미술을 잘하고 기계를 좋아하므로 그와 관련된 내용을 읽고, 보고, 다루는 것에 관심이 있었다. 할아버지들이 엔지니어였고 그 들 중 한 명은 발명가인 것으로 보아 유전적으로 같은 경향이 있는 것으로 보였다. 기계에 대해 잘 알고 관심이 있고, 일상 업무에 최고의 능력과 열정에 부합하는 일로는 전문적인 장인, 기계공 또는 엔지니어를 제안한다.

"Fowler의 「인생의 시작 Starting in Life」과 선별해 놓은 책 목록에 있는 현대 기계화와 발명의 역사와 관련된 책을 읽어보세요. 다양한 기계 회사, 철도 공장, 기계 공장, 전기 공장, 신발 공장, 주조 공장, 시계 공장, 엔진 작업장 등을 방문해 보세요. 그곳에서 일하는 사람들을 만나서 이야기해 보세요. 가능하면 그 일을 직접 해 보세요. 관찰, 독서, 경험을 통해 기계 작업의 주요 분야 중 일부와 익숙해지면 나에게 가장 적합한 기계업을 준비하기 위해 Boston 또는 인근지역의 주간 또는 야간 학습 및 실습이 제공되는 과정을 함께 살펴볼 수 있을 것입니다."

"직업을 찾는 동안 시민의 자질 및 일반 문화에 대해 읽고 '시민 안내서'에 있는 몇 권의 책을 읽어보세요. Fiske와 Dole의 책으로부터 시작하여 Forman, Bryce 및 Bridgman의 책을 읽어보는 것도 아마 좋은 계획이 될 것입니다."

자신과 자신의 직업 문제를 탐구하고 조사하면 할수록 기계와 관련된 일에 대한 경향은 더욱 분명해지고 강해졌다. 이러한 보고서가 나올 즈음에, 매우 완벽하게 실용적인 과정을 제공하는 Boston YMCA의 자동차 학교에서 자신의 길을 갈 기회를 얻었다는 소식을 들을 수 있었다.

사례 64 | 광산 엔지니어 아니면 교사 또는 회계사

19세의 남자로 키 170cm에 몸무게 62kg으로 체격이 좋고 잘생긴 청년으로 매력적인 미소와 호감 가는 매너, 잘생긴 머리 모양, 원기 왕성한 체력을 가지고 있으며 몇 년 동안 2주 이상 아프지 않았다.

아버지는 기계공이고 할아버지는 양철 제품 보따리상이었다.

학력은 중학교와 고등학교 1년을 다녔고, 부기 및 속기를 2년 배웠다. 철도 공학 과정을 하기 위해서 국제통신학교 International Correspondence School[29]에 입학했지만 끝내지 못했다. 모든 과목이 쉬웠는데, 수학 점수가 가장 좋았고 가장 나쁜 점수는 맞춤법이었다.

독서는 Cooper, Henty, Eliot, Scott의 책과 「실수 연발 Comedy of Errors」, 「쥴리어스 시저 Julius Caesar」 등을 읽었다. 지난 3년 동안 일과 공부로 바빠서 독서량이 많지는 않았다.

14세 방학 때 아버지를 도와서 주당 10달러를 받고 신발 공장에서 일을 시작하였다. 아버지는 일한 것보다 더 많은 돈을 주었다. 그 돈으로 저축하고 자전거 등을 샀다. 꾸준히 그 신발 공장에서 일하다

---

[29] 1889년 미국 Pennsylvania Scranton에서 the Mining Herald(광산신문)의 편집자이자 기자인 Thomas J. Foster에 의해 설립된 원격교육기관으로 현장을 아는 사람에게는 기술을, 기술을 가지고 있는 사람에게는 실무를 가르쳐주는 것을 사명으로 생각하는 기술 교육 기관이다. (역자 첨부)

가 1904년 8월 아버지와 함께 Brazil의 Buenos Ayres로 가게 되었다. 9개월 동안 주당 10달러와 소요경비를 받고 현지인들에게 신발 기계 작동 방법을 가르쳤다. 1905년 4월 Boston으로 돌아와 Bryant & Stratton에 있는 공장에서 여름 방학을 보냈다. 1907년 학교를 그만두고 제조회사에서 주당 10달러를 받으며 경리담당 겸 사무원 일하게 되었다. 1907년 11월, A 대학교의 회계감사를 하는 교수에게 고용되어 주당 15달러와 경비를 받고 New York에 있는 F. D. Co.의 회계감사를 하였다. 그 후 같은 조건으로 Boston에 있는 B. F. Co.의 장부도 회계감사를 하였다.

"제가 한 일 중 그 일이 가장 좋습니다. 매일 장부를 작성하는 일은 좋아하지 않지만, 여러 권의 장부를 회계감사 하는 것은 괜찮습니다."

"교수님은 당신이 한 일을 만족스러워하셨나요?"

"네, 교수님은 제가 한 일에 만족하셨습니다."

"교수님은 그 일의 대가로 회사에서 얼마를 받았습니까?"

"교수님은 뉴욕 회사로부터 700달러를 받았고, 회계감사를 하기 위해 우리 둘을 고용했습니다."

"당신의 급여와 비용으로 교수님은 얼마를 주셨나요?"

"약 4주 반 동안 일했는데 보수는 약 135달러였고, 우리 두 명 비용은 약 75달러였습니다."

"교수님은 회계감사 하는 일에 얼마나 많은 시간을 할애하셨습니까?"

"한 10일 정도 한 것 같아요."

"그러면, 교수님은 10일 동안의 일을 하고 그 일에 대한 책임의 대가로 500달러 정도의 돈을 받았습니다. 이것은 최고의 회계감사가 하루에 약 50달러 벌 수 있다는 말입니다. 보조로 일을 하는 것 대신에 계약을 따낼 자격을 얻을 때까지 끈기 있게 노력하면 그동안 받았던 주당 15달러에 비해 10~20배를 더 받을 수 있습니다."

그는 1908년 1월, 학원에 가서 기술전문대학 입학 준비를 시작했다. 그러나 자신에게 맞는 적절한 과정이 없다는 것을 알게 되어 일주일 만에 그만두었다. 그런 다음 초운시 홀 스쿨Chauncy Hall School로 가서 광산 공학 과정의 기술전문대학 입학을 준비하였다. 사두원으로 일을 하면서, 학교에서 2개의 야간 수업으로 회계, 상업적 연산, 문서작성법을 가르치기도 했다. 가르치는 것을 매우 좋아하고 학생들과 잘 어울리며 학교장의 칭찬도 많이 받았다.

"국가고시에 합격해 공인회계사가 되기까지 얼마나 걸릴까요?"

　　　"1년 정도, 아마도, 정확히는 모릅니다."

"공과대학 공학 과정을 이수하는 데 얼마나 걸리겠습니까?"

　　　"6년이요."

"광산 공학에 대해 무엇을 알고 있습니까? 광산을 방문하거나 광산 기술자와 친분을 쌓은 적이 있습니까?"

　　　"아니요."

"당신이 돈을 벌기 위한 좋은 방법이 2가지 있는 것 같습니다. 하나는 상업 과목을 가르치는 것이고 다른 하나는 부기 및 회계입니다. 경영고등학교나 대학에서 교사가 되는 것을 목표로 하고 교수님처럼 회계감사 일을 하면 안 되는 걸까요? 아니면 곧바로 공인회계사가 되어 회계감사를 하는 일에 전념할 수도 있습니다."

"상업 과목 교사로서 당신은 아마도 몇 년 안에 연봉 1,500달러에서 3,000달러까지 받을 수 있을 것이며, 그러한 교사들에 대한 수요가 매우 많습니다. 회계사로서 당신은 연간 5,000달러에서 15,000달러를 받을 수 있습니다. 당신은 당신이 잘 알고 있고 매우 좋아하는 일이고 성과를 잘 낼 수 있고 만족스러워하고 약간의 끈기 있는 노력으로 최고의 보수를 받을 수 있는 일을 떠나려고 합니다. 이러한 일을 떠나서 실제로 잘 알지도 못하는 새로운 분야의 일을 준비하는 데 6년을 낭비하려고 합니다. 먼저 광산 공학 분야에 관한 조사를 하지 않고, 회계감사나 가르치는 일보다 이것이 더 좋은 일일 것이라는 확신을 가질 만큼 이것을 준비하기 위해 시간과 비용을 쓰는 것이 현명하다고 생각되나요? 엔지니어로서 일을 하기 위해 교사나 회계감사 일을 포기하는 것이 더 나을 것이라는 결정에 확실한 근거가 있나요? 당신의 경우 엔지니어를 하는 것이 현명하다고 판단되면 의심할 여지 없이 그에 걸맞은 능력을 갖추려고 하기 때문에 능력이 문제가 되지는 않습니다. 하지만 당신은 회계감사와 상업교육을 할 수 있는 일을 준비하는 가장 의미 있는 시간을 보냈고, 이러한 분야에서 쌓은 준비와 경험을 정당한 이유 없이 포기해서는 안 됩니다. 당신이 짓고 있는 집에 지붕을 놓을 준비가 되어 있습니다. 새 건물이 현재 건설 중인 건물보다 변화를 위해 필요한 시간과 노력을 치르더라도 더 좋은 건물이 될 것이라는 확신이 있지 않다면 새로운 건물을 처음부터 짓도록 내버려 두지 마십시오."

"다음과 같이 비교할 수 있는 표를 완성하고 그런 다음 다시 이야기해 봅시다."

확인사항	공인 회계사	회계감사를 부업으로 할 수 있는 경영전문대학 또는 상업학교 교사	광업 엔지니어
준비 기간			
준비 비용			
취업 준비 완료와 채용 시점			
보수, 현황, 전망			
근무 조건: 　위치 　사내 분위기 　인적 구성 　유해성 여부			
기타 요소: 　독립성 정도 　사회적 배려 　일에 대한 만족 　일반적인 특성과 얻어지는 결과물, 영속성, 특징, 중요성			

| 사례 70 | **나이에 대한 편견** |

콧수염을 기른 백발의 59세 건장한 남자로 손목에 류머티즘이 있어 다소 문제가 있지만 반면에 매우 활발하고 능력이 있었다. 회사가 문을 닫을 때까지 25년 동안 Boston의 도매 약품과 페인트 회사 영업사원이었다. 이후 1년 반 동안 New England 지역에서 버팔로The Buffalo 사의 린시드유linseed oil[30] 판매하는 일을 하였다. 1년에 200만 달러어치를 팔 정도로 우수한 매출을 올렸다. 그러나 회사에서 한 사람을 줄여도 상관없다고 판단해서 자신을 해고하고, 오래 근무했고 남아돌던 영업사원이 New England를 담당하도록 하였다.

취업을 위해 많은 노력을 기울였지만, 지금까지 1년 5개월째 실직 상태이다. 회사는 자리가 생기면 연락을 주겠다고 하고는 더 젊은 사람을 고용하였다. 담당자는 회사와 함께 성장하고 오랫동안 일을 잘 할 수 있는 직원으로 35세 미만의 남성으로 제한한다고 말했다.

부양해야 할 연로한 어머니를 모시고 있고, 저축한 돈은 거의 소진됐고, 완전히 낙담한 얼굴, 목소리, 태도를 보였다.

▌ 제안내용 ▌

가능한 한 젊어 보이도록 활기를 되찾아보세요. 외모에 세심히 주의

---

[30] 유화를 그릴 때 사용되는 재료의 하나로, 색을 내는 안료를 캔버스 등과 같은 표면에 고착시키는 역할을 하는 건성유의 하나이다. 아마씨로부터 채취하여 '아마씨유' 혹은 '아마인유'라고도 부른다. [출처: 두산백과] (역자 첨부)

를 기울이세요. 나이를 드러내지 말고 강점을 드러내세요. 최대한 젊어지려고 노력하세요. 당신의 태도와 목소리에 활력을 불어넣어 주세요. 말투에 활력을 불어넣고 얼굴에 생기를 불어넣으세요. 사람이 활력이 있기만 하면, 나이는 대체로 정신적인 태도와 의지력의 문제입니다. Oliver Wendell Holmes[31]가 말했듯이, 70세의 늙은이처럼 사는 것보다 70세지만 젊게 사는 것이 낫습니다.

기운 내세요. 아무도 자신을 낙오자라고 자인하고 패배하고 낙담하여 그것을 보여주는 사람을 원하지 않습니다. 당신은 경험이 많은 영업사원입니다. 당신은 여유 있게 웃으며 좋은 이야기를 하면서 팔아야 할 상품에 대해 어떻게 말해야 하는지 압니다. 당신은 판매를 할 수 있는 가치 있는 노동력을 가지고 있습니다. 다음부터 일할 때는, 슬픈 이야기를 하거나 장례식장에 있는 것처럼 보이지 말고 상대방에게 미소를 지어보세요. 당신이 굉장히 많이 판매했던 기록을 알려주고 추천서를 보여주고 농담도 하고 일주일에 수천 달러를 팔았을 때 했던 것처럼 말해보세요. 마치 5만 달러의 판매를 성사시킨다고 생각하고 말하세요. 즉, 입사지원서에서 자신의 힘을 보여주고 강점과 자신감이 느껴지게 하세요.

당신은 영업사원이고 멋진 사람입니다. 당신에게 필요한 것은 새로운 직업이 아니라 해야 할 일입니다. 당신의 오랜 친구를 통해서, 당신이

---

[31] Oliver Wendell Holmes(1841~1935) 미국의 법학자이자 대법관으로 미국의 가장 위대한 법사상가로 꼽힌다. 1902년부터 1932년까지 미국 연방 대법원의 대법관을 역임했다. [출처: 위키백과] (역자 첨부)

물건을 팔았던 사람들을 통해서, 어떻게 일을 전개할지 체계적인 방법을 구상해 보세요.

최선을 다하세요. 그리고 만약 효과가 없다면, 돌아와서 당신의 경험과 능력을 사용해서 당신의 어머니와 함께 생계를 유지할 기회를 얻기 위해서 무엇을 더 할 수 있는지 함께 알아보도록 합시다.

사례 72 | 속기사 일을 할까? 하지 말까?

27세 청년으로 잘생기고 유쾌한 목소리와 태도를 보였으며 다정한 미소와 매우 매력적인 존재감을 지니고 있었다. 지난 5년 동안 질병으로 시간을 낭비한 일이 없고 누워있을 만큼 아픈 적도 없을 정도로 건강이 매우 좋았다. Cambridge에서 출생했고 아버지는 감리교 목사이자 전 대학 총장이었다. 할아버지도 감리교 목사였고 증조할아버지는 상인이자 지역 전도사였으며 어머니는 교사였다. 외할아버지와 외증조할아버지는 Massachusetts의 농부였다. 외삼촌은 이전에 식료품점을 운영했었고 지금은 성경 학회를 운영 중이다. 여자 형제 중 한 명은 선생님이고 시몬스 대학Simmons College을 졸업한 또 다른 여자 형제는 웨스턴 대학Western College의 교수 비서이다. 형은 ㅇㅇ학교에서 교감이고, 세 명의 남자 동생은 고등학생이다.

　　　　보스턴 중학교Boston Grammer School 및 라틴 학교Latin school에서 2년, 마운트 헤르몬 학교Mt. Hermon School에서 3년 반 그리고 1906년 웨슬리안 대학Wesleyan University에서 학사 학위를 취득하였다. 수학과 산수의 성적이 좋았으나 가장 좋아했던 과목은 언어와 과학이었고 그 중 특히 화학 성적은 평균 이상이었지만 상을 받을 정도는 아니었다.

도서관에서 소설, 정치, 대학 스포츠 뉴스를 읽거나 체육관에서 여가시간을 보냈다. 때때로 연극을 관람했으며 Shakespeare의 희곡을 좋아하고 '이 시대의 인물 The Man of the Hour'과 같은 연극을 좋아했다. 뮤지컬 코미디, 음악, 미술에는 관심이 없었고, 웅변을 해 본 적이 없었다.

포목점에서 재고 담당으로 근무했고 그 이후에 전화 회사의 서비스 검사관으로 근무하였다. 지금은 YMCA에서 근무하고 있으며 가르치는 일이나 속기사를 고려하고 있다.

청각 반응이 느리고 인상이 좋은 편은 아니었다. 언어 기억력 검사에서 매우 좋지 않은 결과를 보여주었다. 아주 천천히 명확하게 읽어 주어도 12단어나 15단어의 쉬운 문장을 정확하게 따라 하지 못했다.

▎제안내용 ▎

전문 속기사가 되기 위해서는 예민하고 정확한 청각 기억력과 뇌로부터 듣고 보는 것에 대한 표현을 손을 통해서 신속하게 전달할 수 있는 능력이 있어야 합니다. 당신은 빠르지도 않고 단어 기억력도 매우 나쁩니다. 이런 단점을 극복한다면 괜찮은 속기사가 될 수도 있겠지만, 타고난 성향이 그런 방향으로 있는 것 같지는 않습니다. 가계도를 보면 가르치거나 사회사업과 연결되는 교사나 목회를 지향하는 것으로 보입니다. 학창시절의 기록을 보니 아마도 과학이나 수학의 일부 분야를 훌륭하고 성공적으로 가르칠 수 있다는 것을 발견했습니다. 그리고 당신이 사람들을 즐겁게 만나는 방식은 YMCA의 일이나 사회사업, 교육 또는 많은 사람과 접촉하는 사업이나 전문직에 적합한 요소로 보입니다.

당신은 지금까지 책으로 공부하는 데만 너무 많이 힘을 쏟았고, 실제로 일을 하는 데는 너무 적은 시간을 할애했습니다. 지식을 습득하는 것도 좋지만, 지식을 활용하는 것도 배워야 합니다. 대학시절 지식을 습득하기 위해 그랬던 것처럼 체계적으로 활용하는 법을 배우는 데 전념하세요.

서무 업무에 강한 매력을 느끼거나, 그 분야에서 특별히 좋은 기회가 주어진다면, 그 분야의 경력으로 계속 나아갈지 아닌지를 명확하게 하려면 능숙하면서 객관적으로 봐줄 수 있는 속기 선생님에게 가서 꽤 오랫동안 철저히 검증을 받는 것이 좋을 것입니다. 눈앞에 보이는 사실로 느낀 인상은 당신이 어떤 교육 분야에서 또는 일반적으로 YMCA 일이나 사회사업에서 좋은 성공을 거둘 수 있는 훨씬 더 좋은 기회가 주어질 것으로 보입니다. 농업, 기계, 상업 등 많은 직업 중 하나에 자신이 적합할 수 있겠지만, 현재 보이는 장점은 유쾌한 태도와 수학적 성향으로 보이며, 단점은 언어 기억으로 보여집니다. 따라서 속기는 아마도 당신이 선천적으로 잘 적응하지 못하는 직업 중 하나일 것입니다.

| 사례 84 | **건강을 해치지 않는 적절한 일** |

아름답고 교양 있는 18세의 멋진 여학생으로 키는 170cm, 몸무게는 63kg 정도이며, 꽤 좋은 집안의 매력적인 여성이고 아버지는 아주 뛰어난 인품과 능력을 지니고 있다. 전반적인 머리 모양은 괜찮지만, 관자놀이 부근이 완벽하게 둥글지 않았다. 신경이 불안정한 것을 제외하고는 튼튼하고 건강도 좋은 편이었다. 과도한 공부로 몇 년 동안 신경과민 상태였고, 집중을 할 수 없어서 1년 동안 고등학교를 쉬어야 했다. 아직도 집중력이 완전히 회복된 것은 아니어서 여전히 조심해야 한다. 시각 및 청각 테스트를 통한 언어 기억은 꽤 불완전했다.

고등학교 3학년으로 작년 1년 내내 모든 과목에서 A를 받았으며 올해는 A와 B가 섞여 있었다. 수학, 기하학, 물리학, 역사, 영어 작문, 체육을 가장 좋아하고, 외국어를 덜 좋아한다. Kipling의 「정글 이야기Jungle Stories」, Morgan의 「어쩐지 좋은 것Somehow Good」 및 많은 책을 읽었다. 신중하고 협조적이며 신뢰할 수 있고 진지하고 의지력과 끈기가 뛰어났다.

집안일 외에 다른 무언가를 하고 싶어 했다. 다른 사람과 함께 한다면 집안일도 좋지만, 세상에 나가서 뭔가 일을 하고 싶어 했다. 여성이 진입할 수 있는 업종 목록을 살펴보고 어떤 것이 매력적이고 어떤 것이 그녀에게 매우 바람직하지 않은지 설명하였다. 결과는 다음과 같다.

좋아할 만한 일	좋아할 것 같지 않은 일

언론계
    허구보다는 사실만을 쓰는 일
사회복지업무
    대학 적응 지원센터 관리나 운영, 학과 운영, 기타 사회적 가치가 있는 업무처럼 누군가에게 도움을 줄 수 있는 일
    생활 체육 교육
비서 업무
    회사나 공무원이 하는 사무직이지만 전문적이지 않은 일
	동물을 돌보거나 식물을 기르는 일
	식품과 섬유 제조
	상품 판매
	가사 노동
	호텔 또는 레스토랑에서의 일
	가내수공업, 상업적인 일, 중개업, 교육, 도서관 업무, 법률, 약학, 의학, 예술, 생산직 근로자

좋아할 만한 일에 있는 3가지 직업은 여성이 돈을 버는 200가지가 넘는 방법 중 가장 선호도가 높은 직업이었다.

▌ 제안내용 ▌

1. 경험이 확장되고 심화됨에 따라 흥미는 변할 수 있습니다. 지금 글쓰기와 사회사업에 관심을 갖고 있는 것만큼 지금부터 5년 후에는 집안일에 관심이 더 생길 수도 있습니다. 그러나 한편, 삶과 직업에 대한 보다 풍부하고 다양한 지식을 개발하고 습득하는 동안에도, 당신의 능력과 현재 상태의 흥미를 검사할 수 있습니다(이는 유전 및 가정 환경적으로 보이는 것에 따라 상당히 영향력이 있어 보임). 이는 당신의 건강을 염두에 두는 동시에 능력과 흥미 두 가지 모두의 최고 장점이 매일 하는 일과 연결될 수 있는지 알아보기 위함입니다.

2. 매우 폐쇄적이고 몸을 많이 움직이지 않는 일이나 신경계에 심각한

부담을 주는 일을 하지 않도록 주의해야 합니다. 건강이 가장 중요합니다. 가능하다면 신경을 많이 사용하는 일보다는 최소한 몇 년 동안은 신경과 심장에 도움이 되고 힘을 기를 수 있는 일을 해야 합니다. 기억력 문제와 집중력 저하의 원인은 분명히 물리적으로 기력이 부족하기 때문이고 아마도 일시적일 수 있지만, 현재로서는 받아들여야 합니다.

비서 업무는 움직임에 제한이 있고 기억력과 집중력을 상당히 요구할 수 있습니다. 더욱이 고용주의 요구에 따라 해야 하는 일이고, 고용주는 근무자가 압박을 견딜 수 없을 상황에 더 심한 요구를 해야만 할 수도 있습니다.

3. 기억력 장애는 비서 업무에도 불리합니다. 속기사는 언어 기억력이 좋아야 합니다. 작가나 언론계에서는 이런 결함이 있는 것은 어느 정도 중압감이 있기는 하지만 그리 크지 않을 것입니다. 기억력을 향상하고 그로부터 최상의 결과를 얻을 방법을 분석할 것이고 이것은 어려움을 극복하는 데 도움이 될 것입니다.

4. 당신의 경우, 문학적인 재능이나 포부를 가지고 독서에 대한 매우 강렬한 욕구가 있거나 자발적으로 원고 쓰는 것을 주체 못 할 정도거나 특별히 글 쓰는 일에 적합한 사람들에게서 보통은 드러나기 마련인 약간의 느낌 같은 것도 찾을 수 없습니다.

이것은 단지 약한 연결고리일 뿐이며 결코 결정적인 것은 아니지만, 유전적으로 다른 특성이 보이기도 하고, 몇몇 최고의 작가들은 꽤 늦은 나이에 표현의 재능을 드러내기도 했습니다.

5. 여러 분야 중에서 사회복지 활동은 제약이 적고 기억력, 집중력 등에 부담을 덜 줍니다. 좋은 조건에서 적극적으로 사회복지 일을 하는 것은 건강에 도움이 되며 힘과 열정을 최대치로 발휘하게 합니다. 아버지의 기술, 명성, 지위 및 유대관계를 통해 이러한 방향으로 훈련할 좋은 기회와 그러한 일에 쉽게 접근할 수 있습니다. 그리고 글쓰기나 저널리즘과 연결할 수 있어 사회사업은 자연스럽게 글 쓰는 일로 스며들게 할 수 있고, 전적으로 작가나 언론계에 전념하는 삶으로 인한 과도한 속박이나 신경과민 없이 글쓰기로 쉽고 효과적으로 이어질 수 있습니다.
6. 당신이 쓴 글 중 몇 개를 가져와 보십시오.
7. '개인 정보 Personal Data'라는 이 종이에 있는 질문에 대한 자신의 답으로 답안지를 완전히 채운 다음 다시 상담을 받습니다.
8. 「여성을 위한 커리어 Careers for Women」과 Fowler의 「인생 시작하기 Starting in Life」라는 책에서 연관되는 부분을 읽고 다양한 산업을 최대한 많이 살펴봅니다.
9. 읽고, 생각하고, 말하고, 사려 깊은 사람과 관계를 구축해 봅니다. 내면의 빛을 들여다보고 가장 관심 있는 것을 기록하고 그것을 친구에게 말하고 그것에 대해 쓰고 어떤 뛰어난 비평가에게 그 원고를 가져가서 같은 수준의 최고의 글과 신중히 비교해 봅니다. 그리고 최선을 다해 수정하고 개선해서 다듬어지면 잡지사나 신문사에 보냅니다. 원고가 반송되면 다른 출판사에 보내고 더는 출판할 곳이 없다는 생각이 들거나 출판이 될 때까지 계속하십시오. 처음에

는 한 달에 한 번씩 기사 하나를 이렇게 해 보고, 익숙해지면 적어도 일주일에 한 번씩은 짧은 기사를 써서 시도해 봅니다.

10. 적어도 일부분은 자신의 실제 사회 활동을 하면서 얻은 경험에서 주제를 선택하는 것이 좋습니다. 그렇게 하면 건강을 보살필 수 있는 일에 당신의 두 가지 흥미를 연결할 것입니다. 사회 활동에 대해 글을 쓰는 것은 부수적인 관심과 활력까지 줄 것입니다. 그리고 당신의 글이 개인적인 경험을 바탕으로 만들고 다듬어졌다는 사실이 당신의 글에 힘과 활력을 주게 될 것입니다.

    예를 들면, The Chelsea 구호 활동은 고통 속에 있는 사람의 문제 해결을 돕는 지금 정말로 필요한 경험을 할 수 있는 좋은 기회를 제공합니다.

11. Irving의 「스케치북Sketch-Book」, Kipling의 「힐즈의 평범한 이야기Plain Tales from the Hills[32]」, Jack London의 책, Jacob Riis의 「가난과의 전쟁The Battle with the Slum」, 「나머지 사람들의 삶How other Half Lives」, 「양배추 밭의 윅스 부인Mrs. Wiggs of the Cabbage Patch[33]」, 「티모시의 탐험Timothy's Quest」, 「팻시Patsy」, 「참깨와 백합Sesame and Lilies」, 「야생 올리브의 영광Crown of Wild Olive」, 「랩과 그의 친구들Rab and His Friends」, 「사슴 사냥A-Hunting of the Deer」, 「새와 벌Birds and Bees」, 「내가 아는 야생 동물Wild Animals I Have Known」, 「보니 브

---

[32] 원문에는 「Plain Tales」였으나 원제목 「Plain Tales from the Hills」로 수정함. (역자 첨부)
[33] 원문에는 「Mrs. Wiggs」였으나 원제목 「Mrs. Wiggs of the Cabbage Patch」로 수정함. (역자 첨부)

리어 부시의 옆Beside The Bonnie Brier Bush[34]」, Emerson이나 Bacon의 수필, Shakespeare나 Sheridan의 희곡, 「아시아의 빛The Light of Asia」, 「중국 관리의 편지Letters from a Chinese Official」, Omar의 「루바이야트Rubaiyat」, Wendell Phillips의 연설 등을 공부하면, 현실감, 단어와 문장의 응축력, 통일성, 형상화 및 유머감각을 갖게 하고 생생하고 강렬하며 그림같이 선명한 대중적인 형태를 개발하도록 도와줍니다.

12. 매일 조금씩 쓰는 연습을 하세요. 쓰지 않는 시간이 길어지면 글쓰기 능력이 줄거나 멈추게 됩니다. 노력의 횟수가 재능과 능력의 빠른 성장을 이뤄냅니다.

1년 정도 지속적인 노력으로 이러한 방법을 따른다면 틀림없이 큰 장점이 생길 것이고 제시된 방향에 대한 가능성은 아마 분명해져서 문제에 대한 명확한 결론을 내리기가 쉬울 것입니다.

상담 이후 이 젊은 여성은 위스콘신 대학교University of Wisconsin에서 언론계를 준비하기 위해 정규 대학 과정에 입학했다.

사례 88 | **도시로 나온 청년 농부**

키가 크고 힘이 센 잘생긴 18세 남자로 유쾌한 매너와 부드러운 말씨

---

[34] 원문에는 「The Bonnie Brier Bush」였으나 원제목 「Beside The Bonnie Brier Bush」로 수정함. (역자 첨부)

를 가졌으며, 지적이고 겸손하며 내성적이다. 아버지의 농장에서 성장하였다. 아팠던 기억이 없을 정도로 매우 건강하지만, 사고로 왼손 손가락을 잃었다. 시골에서 중학교와 고등학교를 다녔다. 속기, 상업 지리 및 산수, 대수 및 영국 역사에서 가장 우수한 점수를 받았고, 미국 역사와 영어에서 가장 낮은 점수를 받았다. 독서량이 많지 않았다. 동물을 돌보는 것 외에는 농장일을 좋아하지 않았으며 1년 전에 농장을 떠났다. 한 달 동안 영업소에서 주당 8달러와 10달러를 받고 속기사로 일을 했다. 그 이후로 그는 주당 8달러에 공공기관에서 일반 총무와 사무직을 하고 있다. 일주일에 이틀 야간 속기 강좌를 수강하고 있다. 1분에 100에서 130단어의 속도로 받아쓰기를 했다고 한다. 업무에 사용하는 문서 작업에 익숙해진 것이 받아쓰기 속도에 도움을 주었다. 그러나 그에게 익숙하지 않은 단순하고 간단한 영어 문장으로 하는 검사에서는 1분에 65단어를 수행했다. 간단한 문장을 사용할 때는 듣고 기억하는 능력은 괜찮은 수준이었지만, Emerson의 「에세이Essay」 문장을 사용할 때는 매우 형편없었다. 「에세이Essay」의 의미를 쉽게 이해하지 못했다. 여가시간에는 다른 친구들과 거리를 거닐거나 계단에 앉아 있는 것으로 사회적인 만남의 시간을 가졌다. YMCA 외 어떤 조직에도 속해있지 않았다. 속기 과정과 경리 과정 외에는 계획을 세우지 않았다. 속기를 수강하고 있는 친구가 직업상담소에 가서 상담하라고 조언해 주어서 상담사를 찾아왔다.

▎제안내용 ▎

"인생의 확실한 계획을 세워야 할 때입니다. 당신은 지금 나침반도 항해지도도 없이 작은 배를 타고 표류하고 있습니다. 그런 식으로는 항해를 잘하거나 올바른 항구에 도달할 것이라고 기대할 수 없습니다."

"당신은 경제적 가치를 높이고, 시민으로서, 사회의 일원으로서의 가치 또한 향상시키기를 원하고 있습니다. 즉, 돈을 벌어서 경제력이 향상되는 것을 원하고 또한 훌륭한 시민이 되고 자신의 가치를 사회에 발휘하는 사회 구성원이 되어 동료들의 존경을 받을 자격을 갖게 되기를 원합니다. 그렇지 않나요?"

"네."

"음, 그런데 당신은 지금 이러한 방향으로 매우 신속하게 가고 있지는 않은 것 같군요."

"맞아요."

"당신은 무위도식하고 있습니다. 아버지의 농장에 있는 큰 느릅나무나 한 마리의 말처럼 살고 있습니다. 미래를 생각하지 않고 평범한 일상을 살고 있고 돈을 벌고 있는 다른 사람들에게 생각과 계획을 맡기고 있습니다."

"당신이 먹은 음식으로 생긴 에너지를 타이핑을 하거나 단순 사무를 하는 일에 그 힘을 쓰는 단순한 기계가 되기를 원하지는 않습니다. 세상이 어떻게 돌아가고 있는지, 이 시대의 흐름이 어떤지, 과학이나 문학에 대해서 별로 아는 게 없습니다. 당신이 일하는 사무실과 같은 건물, 같은 층에는 세계 최고의 책들이 많이 있는 도서관이 있습니다. Shakespeare, Emerson, Ruskin, Wendell Phillips가 Boston에

와서 강연한다면, 당신은 그 강연을 듣고 싶겠지요?"

"네."

"만약 당신과 매일 함께할 수 있는 동료가 그런 사람들이라면 당신 자신이 매우 특권층이라고 생각하시겠어요?"

"네, 그럴 거예요."

"그렇군요. 그들은 저기 복도 건너편에서 당신에게 말을 걸고 친구가 되려고 기다리고 있습니다. 그들이 최선을 다해서 만든 책에 응답하는 것은 당신의 몫입니다."

"소 한 마리가 금광을 지나쳐서 조용히 풀만 뜯고 매우 가까이에 있는 금을 결코 얻으려 하지 않는 것은 용서받을 수 있지만, 사람은 그런 식으로 행동해서는 안 됩니다."

(미소와 친절한 태도와 함께 지지와 관심에 찬 어조로 한 이 발언은 청년을 불쾌하게 한 것이 아니라 정반대였다.)

"당신은 곧 미국의 지도층 중 한 명이 될 것이며, Massachusetts와 Boston 기업의 중역 중 한 명이 될 것이며, 도시, 주, 국가의 정치에 대한 적절한 몫을 책임질 것입니다. 이러한 의무를 다하기 위해 당신은 무엇을 하고 있습니까? 아무것도 하고 있지 않습니다. 하지만 당신이 최선을 다해 그 위대한 의무에 맞는 사람이 되기를 원한다고 확신합니다. 그렇지 않나요?"

"네"(진심으로)

"그렇다면, 이 시민 안내서와 제가 읽어보라고 표시한 책들이 도움이 될 것입니다."

"당신은 완벽하고 균형 잡힌 남자다운 사람이 되기를 원합니다. 생계를 유지하는 것은 인간 삶의 일부분에 지나지 않습니다. 당신은 훌륭한 직업인뿐만 아니라 훌륭한 시민이 되어야 합니다. 한쪽만 살아있고 다른 한쪽은 죽어있는 것을 바라지 않습니다."

"당신이 할 일로 돌아가 보면, 속기술이 당신에게 맞는 것인지는 전혀 분명하지 않습니다. 당신은 특별히 빠르지도 않고, 듣고 기억하는 것도 타고나지 않았습니다. 영어와 일반상식에도 약합니다. 당신이 그 일을 많이 좋아하지도 않습니다. 그렇지 않다면 주 2회 야간 수업보다 조금 더 많은 에너지를 쏟았을 것입니다. 당신은 그 일을 단순히 생계를 위한 수단으로만 보고 있습니다. 당신 마음은 여기에 없습니다. 속기사는 안정적인 수입이 있을 정도의 우수한 전문가가 아닌 이상 남자들이 돈을 많이 벌지 못하는 분야이며, 기껏해야 농업, 축산, 제조업, 상업 등에 비해 벌이가 적습니다."

"몸속에 피가 흐르듯이 끊임없이 충분히 연습해서 자연스럽고 쉽게 그 일을 할 수 있게 만들고 속기사와 문서를 작성하는 사람처럼 빠르고 정확한 글을 쓸 수 있는 것뿐만 아니라 영어에 대한 완벽한 지식과 사람들과 세상일에 대해 적절한 이해를 하게 된다면, 좋은 사무직, 개인비서, 혹은 심지어 전문가가 될 수 있을 것입니다. 최고의 속기사는 속도가 두 배 이상이어야 하며, 자신이 기록하는 것과 수행하는 작업의 의미를 이해할 수 있는 충분한 일반상식이 있어야 합니다. 타자기의 키보드뿐만 아니라 영어도 알아야 합니다."

"그러나 상류층으로 갈 가능성은 그리 크지 않고 모든 하위 및 중간계

층에 있는 여성 경쟁자와의 큰 부담으로 보통 수준의 속기 기술로는 가족을 부양할 만큼 충분한 돈을 벌어야 하는 남성에게는 바람직하지 않습니다. 법정 속기사처럼 빠르게 하거나(그러나 그 일은 신경계에 심각한 부담을 줍니다.), 속기 학교를 세워서 많은 여성을 고용하고 매니저의 급여와 고용주의 이익을 얻을 수 있는 충분한 사업을 확보할 수 있다면, 또는 자신의 속기 기술과 함께 몇몇 사업가, 공무원, 또는 문학가에게 개인 비서라는 좋은 자리를 얻을 만큼 충분한 다른 능력을 겸비한다면, 상당히 괜찮은 수입을 올릴 수 있습니다."

"당신은 동물을 돌보는 것을 좋아한다고 말했어요. 닭, 개, 양, 말 등 사육, 시장 판매용 원예, 과일 재배, 화훼 재배 등은 당신 같은 사람에게 속기보다 소득, 자립성, 사회적 지위를 더 많이 얻을 기회를 제공합니다. 게다가 훨씬 더 건강하고 경험의 대부분과 일치하는 것 외에도 지금까지 한 일을 최대한 활용할 수 있을 것입니다."

"지식과 과학이 어우러지는 농업을 추구하면 번영과 행복을 가져다줍니다. 과학을 멀리하게 될 때 흥미를 잃게 되고 고역이 됩니다."

"당신은 젊고 건강하며 머리도 꽤 좋은 편입니다. 그러니 앞으로 열정과 끈기로 근면하게 일하면 됩니다.

"그러나 현실은 아직 당신의 관심과 적성을 개발하기에 충분한 경험이 없다는 것입니다. 당신 자신이나 세상에 대해 거의 아는 것이 없습니다."

"그건 사실입니다."

"당신은 둘 사이의 관계가 항상 참일 것이라는 결론에 대해 좋은 근거를 형성할 만큼 충분히 이해하지 못하고 있습니다. 당신과 맞는 일이 무엇인지, 매일 하는 일과 당신이 어떻게 하면 가장 잘 연결될 수 있을지 결정하기 위해서 자신과 세상을 탐구해야 합니다. 지금 이 관계에서 가장 필요한 것은 문제에 정신을 집중하는 것입니다. Amherst에 있는 농업대학을 방문하여 새로운 종류의 과일과 꽃을 Luther Burbank의 뜻대로 개발한 멋진 실험에 대해 꼭 읽어보세요."

사례 90 | 나의 직업은 미래가 없어요

38세의 미혼 남성으로 키가 크고 체격도 좋고 잘생겼다. 조용하고 유쾌한 매너를 보이고, 좋은 기억력과 명석한 두뇌를 가지고 있었다. 신중하고 정확하고 보통의 진취성을 보였다. 15년 동안 아파서 결근한 적이 없고 언제 아팠는지 기억을 못 할 정도로 건강 상태가 매우 좋았다. Boston에서 태어나고 자랐고 아버지는 영업사원이었다. 유치원, 중학교, 고등학교에 다녔고, MIT에서 2년 동안 화학 분야에서 특별 연구를 했다. 주변 여건상 일을 해야 해서 과정을 마치기 전에 학교를 그만두었다.

주당 3달러를 받고 금속 회사의 심부름하는 일로 시작했으며, 주당 9달러를 받고 경리부에 들어가 3년간 근무했다. 주당 10달러를 받는 가방 만드는 회사로 일자리를 옮겼다. 그 이후로 계속 그 회사에 있다. 15년간 꾸준히 근무하여 지금은 장부를 전담하는 일을 하고 있으며 월급은 140달러이다.

"회사에서 알아서 급여를 인상해주었나요? 아니면 매번 인상을 요청해야 했습니까?"

"저는 임금 인상을 요구한 적이 없습니다. 고용주들이 자발적으로 임금 인상을 모두 해주었습니다."

"경리일은 좋아하세요?"

"네."

"당신은 경리일을 좋아하고 한 달에 140달러를 벌고 있습니다. 무슨 문제가 있나요?

"내 일에서 미래가 보이지 않습니다. 지금 일하는 분야에서 최대한 많은 돈을 벌고 싶습니다. 한 달에 140달러에서 멈추고 싶지 않습니다. 앞으로 더 나아갈 수 있는 무언가가 있었으면 합니다."

"돈을 모으고 있나요?"

"네."

"그리고 투자도 하나요?"

"예."

"그렇다면 적어도 꾸준히 나아지게 할 방법이 하나 있고 쉽게 적용할 방법도 또 있습니다."

"당신은 15년 이상의 경리 경력을 가지고 있으며, 고용주들이 자발적으로 주당 9달러에서 35달러로 급여를 인상해주었다는 사실에서 알 수 있듯이 성공을 거두었습니다. 이 일을 좋아하지만, 문제는 미래가 보이지 않는다는 것입니다."

"현실적으로 완벽하게 준비된 회계사는 하루 15달러에서 50달러까지 벌 수 있습니다. 제가 회원이었던 시민연맹위원회The Civic Federation Commission는 전문 회계사에게 하루 20달러와 경비를 지급했고, 제가 아는 회계사는 영업소, 지점 등의 회계장부를 감사하는 데 하루에 50달러를 벌고 있습니다."

"급여가 그렇게 높은 줄 몰랐습니다."

"만약 당신이 하루에 20달러 또는 30달러를 목표로 일하고 있다고 생각해 본다면, 이 분야에서 계속 일하는 것에 만족하고 자기 계발에 대한 합리적인 노력을 정당화할 수 있을 만큼 충분히 미래가 있다고 생각할 것입니다, 그렇지 않나요?"

"네, 그럴 겁니다."

"그렇다면, 그러한 보상을 받을 수 있는 곳으로 한 번 도전해 보세요. 승진을 향한 경력 사다리의 3분의 1도 오르지 않았습니다. 당신의 건강한 신체와 포부는 더 높은 곳으로 오를 수 있도록 도와줄 것입니다. 우수한 공인회계사는 직원으로 연봉 1,500~3,000달러를 받고, 적당한 사업을 할 수 있는 충분한 경험이 있고 보조원들을 집단으로 고용하는 회사의 파트너가 될 때 Boston과 같은 도시에서 5,000달러, 6,000달러, 심지어 10,000달러의 수입을 올릴 수 있습니다. New York에서는 15,000달러, 20,000달러, 심지어 50,000달러에서 100,000달러라고 합니다. 사실, 회계사들이 말하기를 회계뿐만 아니라 경영 사정을 잘 이해하고 많은 경험과 친분이 있는 최고의 회계사는 회계사무소 또는 파트너십의 일원으로서 New York에서 얻을 수 있는 수입에는 사실상 한도가 없다고 합니다."

"단순 경리업무라 할지라도 당신은 결코 한계에 도달하지 않았습니다. 평생 그 자리에 있을 필요는 없습니다. 더 넓은 영역으로 자신을 맞추면 훨씬 더 큰 회사에 들어갈 수 있고, 그곳에서 당신은 경리 부서장까지 일할 기회를 얻게 될 것이며, 부하직원보다 그리고 지금보다 2~3배 많은 급여를 받게 될 것입니다."

"당신이 그렇게 일한다면 이 분야에는 넓은 미래가 있습니다. 공인회계사가 되기 위해서는 반드시 합격해야 하는 국가고시 요건을 확인해야 합니다. Massachusetts에는 아직 이러한 제도가 없습니다. 하지만 Rhode Island나 New York에서 시험을 볼 수 있고 자격증을 취득할 수 있습니다."

"YMCA에서나 코머즈 상업 학교Comer's Commercial School의 야간 과정 또는 브라이언트와 스트라튼Bryant & Stratton의 주간 과정은 회계 및 비즈니스 재무에 대한 지식을 완벽하게 해줄 방법을 제공합니다. 원한다면 코머즈Comer's에서 바로 시작해서 여름 내내 공부할 수 있습니다."

"자격증을 취득할 때까지 기다렸다가 더 큰 회사에 들어가야겠다고 생각할 필요는 없습니다. 이미 내가 제안한 방식으로 더 넓은 분야에 대한 구직활동을 바로 시작할 수 있습니다. 광고 전문가에게 도움을 받아 직업소개소에 제출할 경력기술서를 작성하고, 고급 경리 담당자를 위한 구인 광고를 찾아보고, 관심이 있는 채용공고에 직접 지원해 봅니다. 그러기 위해서 경력 및 경험에 대한 명확하고 간결하며 잘 작성된 지원서를 가지고 있어야 합니다. 이것은 인사담당자와 이야기를 나

눈 후 두고 오거나 면접을 요청할 때 보낼 수 있어야 합니다."

"당신의 성장은 다음 두 가지에 달려 있습니다. 첫 번째로 기술을 완벽하게 익히고 직업에 숙달하도록 지속적이고 올바른 방향의 공부를 통해 경제적 가치를 개발하는 것이며, 두 번째로 일반적인 회계원 또는 더 큰 회사의 경리 부서와 같은 더 넓은 분야에서 지식을 활용할 기회를 얻는 것에 달려 있습니다. 시장에 상품을 가지고 가야 합니다. 당신은 사람들이 원하는 것을 갖고 있어야 하고 가지고 있다는 것을 알려야 합니다. 이 두 가지가 가장 중요한 요소입니다."

청년은 흥미와 열정을 가지고 계획에 착수했다. 앞으로 나아갈 길을 분명히 알게 되었고, 상담사가 제안한 대로 바로 일을 시작하겠다고 말했다.

기타 참고사례

상황에 따라 추가되는 제안 사항이 상담에서 중요한 부분을 차지하는 경우가 많다. 예를 들어, 면담 중에 두세 번 말을 더듬었던 청년은 확실하고 간단하면서 효과적인 치료를 위해 말더듬이 교정 학원에 가게 되었다.

매우 총명하고 유능해 보였던 청년은 사회생활을 잘 해내지도 못하고, 진급도 못 하고 있는데, 자신이 진급하지 못할 어떤 타당한 이유도 없다고 불평했다. 상담사는 그의 대화 목소리가 생기 없고 불쾌했으며, 다른 면에서도 기대 수준에 미치지 못했고 활력과 흥미가 부족할 뿐만 아니라 지능도 부족하여 부정적인 인상을 강하게 주는 것에 주목했다. 그 청년은 고민의 열쇠를 찾게 되었고, 얼마 후 놀랍게도 사람들의 관심을 끌고 성공적으로 대처하는 능력의 변화가 생겼다고 알려왔다.

분명히 적당한 분야에 있었지만, 있는 곳이 너무 좁아서 많은 발전을 이루기 어렵고 더 큰 분야에 진출하는 방법을 몰랐지만, 뛰어난 능력을 갖춘 청년이 있었다. 상담사는 그 도시의 최고의 사업가들과 접촉할 수 있는 모임에 가입하도록 제안하였다. 또한 그의 자격요건에 맞는 일의 가장 최상의 수준을 갖추기 위해 최고 기관의 서비스를 이용하도록 하였다.

또 다른 사례에서는 세상에 나가기를 매우 원했지만, 끊임없이 돈이 방탕하게 빠져나가고 있어서 자기 자신에게 낙담했다는 사실을 저축과 지출에 관한 상투적인 질문을 통해 알아낸 청년이 있었다. 그는 도시에서 혼자 살고 있었고 저녁이 되면 외로워서 거의 매일 밤 극장이나 불필요한 곳으로 떠돌면서 돈을 다 써버렸다. 상담사가 제안한 것은, 청년 모임에 가입해 매일 밤 시민복지회관의 야간 강좌를 수강하고, 지난 24시간 동안 그가 얼마나 많은 돈을 썼는지, 그리고 그가 무엇을 썼는지 보여주는 일일 보고서를 상담사나 그가 재산상 믿을만한 누군가에게 작성하여 보고하도록 하였다. 이것을 충실히 한다면 얼마 지나지 않아 새로운 흥미와 더 좋은 습관이 생기고, 보호자 없이도 올바르게 살 수 있을 만큼 강해질 것이다. 그는 수렁에서 빠져나올 기회를 간절하게 붙잡아 단번에 실천에 옮겼고 그 결과도 매우 좋았다.

스코틀랜드계 미국인 소년의 두 번째 상담에서 그는 무기력하고 힘이 없어 보였다. 질문을 해 보니 변비로 고생하고 있는 것으로 나타났고 약물을 복용해도 효과가 오래 지속되지 않는 것 같았다. 상담사는 그에게 식이요법, 운동, 마사지, 목욕 등을 통한 간단한 위생 요법에 대한 정보를 주었다. 그리고 2주 후에 그는 새 돈처럼 새사람이 돼서 돌아와서는 제안된 가장 간단한 방법 중 하나가 변비를 해결했다고 말했다. 이것은 직업상담소의 기능과는 약간 다른 것처럼 보일 수 있다. 그러나 건강이 일에서 능력을 발휘하는 기초라고 생각할 때, 변비(자주 반복해서 일어나는)는 심각한 장애이다. 아주 극소수의 의사만이 가장 이롭고 효과적인 간단한 치료법을 적용할 것이라는 점을 고려해 보면 청년이 능력을 발휘하고 성공을 이룰 수 있도록 돕는 일에서 그러한 제안이 잘 된 것으로 보인다.

특별한 사례에 대한 논의는 거의 무한정 계속될 수 있지만, 지금 하고 있는 일이나 미래 가능성에 대한 어느 정도 개념을 가질 수 있을 만큼 충분히 언급하였다. 시민 안내서, 분석적으로 독서하고 자료를 찾아 분야별로 정리된 책 목록, 표로 작성된 학습 과정 등은 종종 상담사를 다시 만나 간단한 보고나 상담을 받게 하는 흥미를 유발한다.

16. 결론

직업상담소가 하는 일의 범위와 효용성은 지속적으로 증가하고 있지만, 공립학교 시스템과 연계되거나 법인화된 공공기관이 되기까지는 수요에 비해 여전히 미흡한 실정이다. 공교육이 확대되고 완성도가 높아지며 직업훈련이 발달함에 따라 궁극적으로 우리가 바라는 이런 것은 실현될 것이다.

사회는 아직 인적자원개발에 대한 태도에 있어서는 매우 근시안적이다. 일반적으로 사회에서는 사람보다 동물을 더 잘 훈련시킨다. 생산할 때 필요한 생명이 없는 기계를 만드는데 막대한 돈을 사용하고 있다. 비록 기계가 생산에서 단연코 가장 중요하기는 하다. 하지만 생명이 있는 인적자원human machinery을 완벽하게 만드는 일에는 거의 신경을 쓰지 않고 있다.

초등학생 과정 이수 대비 고등학교 과정을 이수하는 비율은 Boston에서는 16분의 1 미만, Philadelphia에서는 30분의 1 미만, Washington에서는 13분의 1 미만이다.

다음은 올해 초에 얻은 이 세 도시에 대한 데이터이다. 고등학교 수치는 정규학교뿐만 아니라 고등학교 수준의 모든 학교와 과정, 상업 및 기술 교육 과정의 모든 학생을 포함하고 있다.

공립학교 학생수 (단위 : 명)[35]

	보스턴	필라델피아	워싱턴
초등학교	13,622	33,588	9,198
중학교 1학년	10,007	19,386	5,601
중학교 졸업반	4,869	5,710	3,136
고등학교 졸업반	850	1,089	663

　　　　Boston과 Washington의 약 3분의 2와 Philadelphia의 약 6분의 5는 중학교 과정이 끝나기도 전에 학교를 그만둔다. 향후 중학교 전체 정원의 10분의 1 이상의 자리가 필요하지 않게 될 것이다. 이러한 도시들은 초등학교 또는 중학교 저학년 이상으로 아이들을 교육하려는 생각이나 의도가 없는 것이 분명하다. 많은 아이가 법적 요건에 맞는 나이가 되자마자 또는 더 어린 나이에도 불구하고 생계를 위해 일을 시작한다.

　　　　이른 나이에 한 분야에 전문성을 갖는 것은 개인과 사회 모두에게 재앙이라고 모든 분야를 대신해 과학이 표방하고 있다. 지능과 다양한 활동 및 경험 사이에는 분명한 관계가 있다. 실제 접촉을 통한 각 산업의 중요한 지식을 갖는 것은 모든 청년의 권리이다. 이러한 다양한 경험은 교육적인 개발의 철저한 과학적 계획하에 이루어져야 하

---

35 원문에는 단위가 명기되어 있지 않아서 첨부함. (역자 첨부)

며, 한 곳에서는 대형곡물창고에서 일하고, 다른 곳에서는 이름표를 만들고, 또 다른 곳에서는 리벳rivet으로 작업을 하는 등 생계를 위해 한 직장에서 다른 곳으로 떠돌아다니고, 전문성을 갖지 못하는 좁은 영역에서 시간과 에너지를 낭비하고, 어떤 사업이나 직종에 대해서도 적절하고 포괄적인 이해를 얻지 못하는 낭비적이고 불완전한 방법으로 이루어져서는 안 된다.

적절한 분야에서 전문성의 진정한 토대를 형성하기에 충분한 실제 경험을 포함하여 광범위한 일반적인 교양과 산업 교육의 결합은 과대 평가될 수 없는 경제적·사회적 가치를 지니고 있다. 그러나 실질적으로 우리의 모든 청년은 균형 잡히지 않은 전문성이라는 폐해에 갇혀 있다. 즉 전문성이 그 분야의 기초를 이루고 완전한 발전을 위한 좌표 요인으로 지속되어야 하는 폭넓은 교양과 경험에 기초하지 않거나 수반되지 않고 있다. 또한 균형 잡히지 않고 근거가 없을 뿐 아니라 많은 경우 본질적으로 좁고 비효율적이며 그 자체로 해롭기도 하다.

학교를 일찍 떠난 청년은 한정된 직종을 전문적으로 하게 되고, 학교에 남아있는 대부분의 학생은 책을 통해 전문적인 것을 배우게 된다. 책을 통한 공부는 산업 교육과 균형을 이루어야 한다. 그리고 일하는 청년은 교양 강좌와 과학에도 일부 시간을 할애해야 한다. 사회는 모든 청년이 최소한 고등학교 교육과 기술 훈련을 동시에 받을 수 있도록 해야 한다. 이는 일학습병행 고등학교Public Half-Work High School를 설립하여 실시할 수 있다. 학생들이 하루의 절반은 공부하고 나머지 절반은 수도 시설, 전력 또는 교통 시스템, 도로 부서 등 공공에서 일하거나 민간 고용주 밑에서 일하여 생계를 유지할 수 있도록 한다.

도시에서 상인, 제조업자 및 기타 민간 고용주와 쉽게 계약을 맺을 수 있게 하여 이를 통해 고등학생은 여러 산업 분야에서 시간제로 일할 수 있다. Boston의 여성교육산업연합은 이미 도시의 주요 상인들과 이런 종류의 협약을 진행하고 있어서 협회의 판매사원을 위한 강좌의 여학생들이 자립할 수 있고 상점에서 반나절을 일하면서 가장 값진 실습 교육을 받을 수 있다. 깨어있는 고용주는 고급 산업 및 교양 교육이 자신과 공동체에 중요함을 깨닫고 그러한 협약을 하게 된 것을 기쁘게 생각한다. 특히 서부에 있는 일부 농업 전문 대학과 주립 대학은 청년들이 대학 교육을 받으면서 생계를 유지할 기회를 제공한다. 신시내티 대학The University of Cincinnati이 대표적인 예이다. 필요한 것은 이미 사용하고 있는 방법과 원칙을 공립학교 전체로 확장하는 것이다. 그래서 복잡하고 어려운 세상으로 나아가는 청년이 지식과 기술을 훈련받는 것으로부터 배제되지 않도록 하는 것이 사회의 가장 올바른 유산이다.

일반적인 교육의 확대와 직업훈련의 추가 외에도, 청년들이 학위를 따기 위한 시험의 합격을 준비하는 것 대신에 생활과 일에 대한 적절한 준비를 제공하도록 일반교양 교육 방법을 실질적으로 수정해야 한다. 우리는 시험보다 능력과 인성을 위해 훈련해야 한다. 그리고 주요 시험은 책이나 강의 과정에 대한 일련의 질문에 답하기보다는 일상생활에서 해야 할 일의 성공적인 수행이어야 한다. 신체와 두뇌, 기억력, 이성, 상상력, 창의성, 주의력, 철저함, 진실성, 민첩성, 신뢰성, 동정심, 친절함, 끈기 있는 근면성 등에 대한 체계적이고 과학적인 훈련이 우리에게 필요하다. 교육은 실제로 성과를 내는 능력을 위해서 기본적인 시험을 실시하는 유용한 일이다. 어떤 방면에서든 능력이란 그 방면의 연습과 활동에서 나오며, 전체에 대한 대칭과 균형을 잡을 수 있도록 다른 방면의 충분한 개발과 더불어 나온다. 이두박근이나 자전거 근육을 발달시키는 것과 같은 원리로, 심지어 동정심과 정의감도 매일 연습하면 발전할 수 있다. 지식은 매우 좋은 것이다. 그러나 독창적인 사고력과 자신의 생각을 효과적으로 실행할 능력이 없는 지식만을 가진 사람은 사실에 대한 이력이 있지만 만들거나 실행할 수 없는 책보다 나을 것이 없다. 청년들이 자신의 지식을 표현하고 전달하는 법을 배우지 않았다면 그 책에서 말하는 지식으로는 평균적인 삶에 이르지 못할 수 있다. 그렇기 때문에 대학을 졸업한 사람이나, 심지어 반에서 성적이 좋은 사람들조차 일에서 실패하는 경우가 많다. 그들은 훌륭한 책벌레, 스펀지, 흡수하는 기계이지만, 그들은 책에서 배운 것을 실무적으로 어떻게 하는지 모르고, 그런 것을 해 볼 생각이 없다. 수동적으로 흡수하는 습성으로 인해 일 세계의 능동적인 세상과는 정말 맞지 않는다. 우리는 학생들을 과학적인 검사와 다양한 경험으로 얻어진 적성에 따라 축구와 다른 운동뿐만 아니라 될 수 있으면 다양한 방면에서 수행능력을 발휘하도록 훈련해야 한다. 그리고 우리의 일하는 청년들에게 일반교양에 맞는 생각과 언어 표현 능력을 갖추게 해주어야 한다. 또한 개발과 수정 가능성의 정점을 찍기 전인 형성 기간에 시스템의 점진적인 강화로 이 모든 것을 해야 한다.

유소년기는 신체의 유연함과 비약적인 성장의 시기로, 전방위적인 문화와 특별한 직업능력의 토대가 마련되어야 한다. 이러한 유연함은 신생아의 75%가 수분으로 이루어져 있지만, 성인의 58.5%만이 수분으로 이루어져 있다는 사실에서 알 수 있다. 비록 어느 정도의 유연함은 끝까지 유지될 수 있지만, 인간의 더 기본적인 성격은 일반적으로 25세, 정신세계는 35세 또는 40세에 완성된다. 만약 석고상을 주조한다면 석고 조형물이 반쯤 완성된 상태에서 게으름을 피우고 시간을 질질 끌다가 딱딱하게 굳도록 놔두는 것이 현명하다고 생각하지는 않을 것이다. 이러한 유연성이 주는 기회를 등한시하는 것은 현명하지 못한 행동이다. 인격 형성의 목적과 능력 개발을 위해 35세 이후 2년보다 15~25세의 1년이 더 가치가 있다. 유소년기는 뇌와 심장이 중요한 시기이다. 성인의 키는, 평균적으로, 영아의 3배이고, 팔 길이는 4배, 다리 길이는 5배인데 비해 머리 크기는 2배에 불과하다. 아이의 심장이 13배, 몸이 20배 이상 증가할 동안 뇌는 성장기부터 성숙기까지 무게가 4배밖에 늘지 않는다. 태어날 때 뇌의 무게는 몸무게의 12.29%인 반면, 25살 때 뇌의 무게는 전체 몸무게의 2.16%에 불과하며, 이는 전체 몸무게에서 유아의 뇌 무게가 성인의 뇌 무게보다 거의 6배나 된다는 것이다. 젊음이 사라지면서 뇌의 비율뿐만 아니라 성장의 속도도 감소하며 새로운 능력의 변형과 습득에 대한 유연성이나 능력도 감소한다. 태어날 때 아기는 원래 생식세포의 500만 배나 크다. 첫해에는 약 3배 정도 성장한다. 그 후 성장 속도는 11세까지는 감소하는데, 급속한 성장이 시작되는 시기는 14~19세 사이에 일반적으로 가장 크게 성장하고, 25세 이후에는 점차 완만하게 감소한다.

유소년기는 두뇌와 심장이 만들어지는 시기이고 빠르게 성장하며 유연성이 좋은 이 기간에, 사회는 모든 청소년에게 신체, 정신, 성격 등이 촘촘하게 전반적으로 성장하도록 하고 세심하게 직업을 계획하고 충분하게 준비할 수 있도록 보장해야 한다. 그래야 청년들이 과학적인 검사와 실험에 비추어 볼 때, 합리적으로 가능한 다른 모든 직업에도 잘 적응하는 것으로 보인다. 만약 이 중요한 기간에 이루어져야 할 광범위한 발전과 특별한 훈련 없이 지나가도록 내버려 둔다면, 그 후 몇 년간의 어떠한 교육도 손실을 만회할 수가 없다. 사회가 이러한 관계에 대한 책임과 특권을 깨닫기 전까지는 우리 인적 자원의 극히 일부보다 더 많이 수확할 수 없을 것이고, 또는 각각의 새로운 세대들에게 잠재된 천재성과 능력을 개발하고 활용할 수 없을 것이다. 그때가 되면, 교육은 선도적인 산업이 될 것이고, 사실상 직업상담소는 모든 지역사회에서 공립학교 시스템의 일부가 될 것이다. 직업상담소는 청소년의 감각과 수용 능력, 신체적, 지적, 감정적 기질을 과학적으로 점검하기 위해 강구 할 모든 시설을 갖춘 기관이 될 것이다. 오늘날 사람들이 의학과 법률을 배우듯이 직업을 상담하는 일에 세심하게 훈련된 전문가들과 앞으로 함께할 것이다.

Epilogue | 옮긴이의 말

우리나라 직업상담의 시작은 1997년 한국 IMF 외환위기로 거슬러 올라간다. 국가위기는 기업과 경제의 위기로 이어졌고 부도와 도산, 기업의 구조조정으로 대량실업자가 발생했다. 노동과 직업을 통해 열심히 일한 결과 더 나은 계층으로 이동이 가능했던, 그래서 사회적 양극화가 호전되고 있었던 그 시대에 일어난 처참한 사건이었다. 많은 실업자를 구제하기 위해 '직업상담사'라는 국가자격이 만들어졌고, 신직업으로 탄생하였다. 그 이후 직업상담은 짧은 시간 동안 학문적으로나 직업적으로 큰 발전을 이루어왔다.

직업상담의 이론적 토대와 모형은 Parsons의 「직업의 선택」이라는 책에서 출발한다. 1909년 그가 생을 마친 이후 출간한 이 파란색 책은 큰 파장을 일으켰고 많은 상담사에게 깊은 영감을 주었다. 현재까지 다양한 이론적 발전에도 불구하고 그가 제시한 상담모형은 직업상담의 원형으로 자리 잡고 있다고 해도 과언이 아니다. 직업상담사 자격증을 준비하기 위해 공부를 시작했거나 대학원에서 직업상담을 전공하는 학생들의 시작에는 늘 Parsons가 있었다.

직업의 변화와 발전 속도는 인간의 적응력을 넘어서고 있고 직업상담사의 역할과 사명에 대해 다시 질문해야 하는 이 시점에 직업상담의 기본서를 탐독하는 것은 의미하는 바가 크다. 자본주의 초기 미국이라는 사회에 직업의 분화 속도가 얼마나 빠르게 진행되었는지, 진로를 고민하고 직업을 선택해야 하는 사람들에게 어떤 도움을 주어야 하는지 구체적으로 그려내고 있다. 직업을 얻으려는 청년들에게 전문적인 직업상담을 하기 위해서 공식적인 시스템의 일환으로 '직업상담소The Vocation Bureau'가 처음으로 설립되었고, 직업을 상담하는 전문직으로 '직업상담사vocational counselor'라는 용어가 사용되었다. 그 시대에도 오늘날과 같이 청년들은 그 사회의 화두였고 미래였고 기성세대의 아픈 손가락이었던 것 같다. 또한 여성의 평등한 지위와 일할 권리가 보장되지 못했던 사회임에도 불구하고 여성이 진입하기 좋은 유망직종을 담고, 여성들도 다양한 직업을 통해 사회적 역할이 필요하다는 점을 제시하고 있다.

  그는 직업상담사로서 전반적인 산업의 이해 및 업종, 직업구조, 자격과 교육훈련 등 알아야 할 직업정보의 범위와 분석의 중요성을 강조하고 있다. 특히 제시된 다양한 상담사례를 통해 내담자의 나이, 성별, 키와 몸무게, 구체적인 건강상태, 인상, 직업가계도, 성격, 태도, 학교에서 선호와 비선호 과목, 점수가 높거나 낮은 과목, 독서의 양과 특성, 학습능력, 일경험 등 진로사정을 위해 파악해야 하는 개인의 특성이 구체적이고 방대하다는 것을 알 수 있다. 직업상담의 사정과 개입의 영역이 어느 정도까지인지 그리고 그 당시의 직업상담도 단편적인 직업알선이나 매칭이 아니라는 것을 잘 보여주고 있다.

    큰 변화의 한 가운데 직업상담이 내담자를 돕는 형식과 방법, 상담기법을 달리 할 수 있지만 무엇을, 어떻게, 어떤 마음으로 도와야 하는지에 대한 본질에는 변함이 없다. 이 책을 통해 직업상담의 본질을 다시 성찰하고, 직업상담사의 소명이 무엇인지 다시 고민하는 기회가 되길 기대해 본다. 마지막으로 이 땅에서 노동이 소외되는 가운데에도 자신의 일을 감당해 나가는 직업인들, 직업 문제로 고민하는 구직자들과 낮은 보수와 불안정한 지위에서도 그들에게 헌신하고 있는 직업상담사들에게 깊은 존경과 연대의 마음을 전한다.

2022년 옮긴이

지은이 |

Frank Parsons (1854~1908)
15세에 코넬대학교 토목공학과에 입학하여 3년 만에 졸업하였다. 이후 토목기사와 공립학교 교사로 일하다가 1881년에 사법시험에 합격하여 매사추세츠에서 변호사로 활동하였다. 10년 이상 보스턴대학 법대에서 강의했으며, 이후 캔자스주립농업대학에서도 강의하였다. 진보 시대를 이끈 사회평론가로 화폐개혁, 독점규제, 지방소유권, 직접 민주주의의 확립 등 사회개혁에 관한 12권의 책과 125개 이상의 잡지에 기사를 기고하여 공공의 이익을 위해 헌신했고, 인간이 더 향상될 수 있도록 하는 것을 최우선으로 생각하였다. 1908년 9월 26일 당시 53세의 나이로 사망했지만, 사후에 출간된 「직업의 선택 Choosing a Vocation」은 자신의 특성과 맞는 직업을 선택하도록 하는 체계적이고 과학적 접근법을 제시함으로써 진로 교육계에 큰 영향력을 행사했으며, 우리에겐 '직업지도운동의 창시자'로 기억하게 되었다.

옮긴이 |

김기령
현재 ReBOOT 대표이며, 두원공과대학과 경기대학교 겸임교수로 재직 중이며, 경기대학교 직업학과 석사를 졸업하고 진로 및 직무분석과 관련된 연구에 참여했으며, 「커리어집단상담」을 번역했다.

안윤정
경기대학교 일반대학원 직업학과 교수로 직업상담, 직업심리, 직무분석, 질적연구방법론 등을 강의하며, NCS직업상담 및 전직지원상담 개발, 직업상담사 자격관리 등에 참여하고 직업상담의 전문성과 영역확장을 위해 다양한 연구를 수행하고 있다.

정은경
현재 ReBOOT 대표 번역자로 가천대학교 고용 및 직업학과 석사 졸업 후 진로와 직업상담 분야에서 다수의 강의를 하고 있으며, 「커리어집단상담」을 번역했다.